Dans la cuisine de

sœur Angèle

Les Éditions
LA PRESSE

Catalogage avant publication de Bibliothèque et Archives nationales du Québec et Bibliothèque et Archives Canada

Angèle, sœur

Dans la cuisine de sœur Angèle

Comprend un index.

ISBN 978-2-923194-82-0

1. Cuisine. I. Titre.

TX714.A497 2008   641.5   C2008-941609-0

Les Éditions La Presse

Président
André Provencher

Directeur à l'édition
Martin Balthazar

Éditrice déléguée
Martine Pelletier

Auteure
Sœur Angèle Rizzardo

Photographies
Photos de Sœur Angèle : Caroline Bergeron
Photos de plats : Michel Bodson, F2.8 Photo

Conception graphique
Ose Design

Infographie
Francine Bélanger

Révision linguistique
Karine Bilodeau

Pour sa précieuse collaboration,
nous tenons à remercier la boutique
Cuisine gourmet, du Centre Rockland
à Montréal

L'éditeur remercie le gouvernement du Québec pour l'aide financière accordée à l'édition de cet ouvrage par l'entremise du Programme de crédit d'impôt pour l'édition du livre, administré par la SODEC.

L'éditeur bénéficie du soutien de la Société de développement des entreprises culturelles (SODEC) pour son programme d'édition et pour ses activités de promotion.

L'éditeur reconnaît l'aide financière du gouvernement du Canada par l'entremise du Programme d'aide au développement de l'industrie de l'édition (PADIÉ), pour ses activités d'édition.

Dépôt légal – Bibliothèque et Archives nationales du Québec, 2008
Dépôt légal – Bibliothèque et Archives Canada, 2008
3e trimestre 2008
ISBN : 978-2-923194-82-0

Imprimé et relié au Canada

Les Éditions
LA PRESSE

7, rue Saint-Jacques
Montréal (Québec) H2Y 1K9
514 285-4428

Sommaire

(*Je récolte l'abondance...*)

Sœur Angèle

Celle que tout le monde appelle simplement sœur Angèle ou encore « la petite sœur rose » est née à Casavo del Tomba dans la province de Tréviso, dans le nord de l'Italie. Elle a grandi au sein d'une famille de neuf enfants.

Elle découvre très tôt sa passion et son talent pour la cuisine. À l'âge de 12 ans, elle fait ses premiers pas dans le domaine en devenant employée au Caffé Bramezza. C'est là le début d'un long cheminement qui la mènera à une carrière flamboyante.

La petite Angèle a cependant le goût de l'aventure et une curiosité sans borne. À la demande d'une de ses sœurs aînées déjà établie à Montréal, elle fait la traversée de l'océan à 16 ans pour venir aider celle-ci, enceinte d'un cinquième enfant.

C'est alors qu'elle côtoie les religieuses de la Congrégation Notre-Dame-du-Bon-Conseil de Montréal, très présentes auprès des nouveaux immigrants. À 17 ans, elle fait son entrée au couvent. Et on connaît le reste : des études spécialisées à Montréal, Toronto, Boston, carrière en enseignement dont 16 ans à l'Institut de tourisme et d'hôtellerie du Québec, animatrice télé, guide et accompagnatrice de voyages gastronomiques…

Son port d'attache aura été pendant plus de 50 ans l'Institut du boulevard Saint-Joseph, dans l'est de Montréal. Depuis le printemps 2008 elle vit dans une petite maison plus que centenaire d'où elle mène plusieurs de ses activités professionnelles. Sa cuisine se transforme d'ailleurs régulièrement en studio télé.

C'est dans cette maison qu'elle nous invite pour nous livrer des recettes triées sur le volet pour tous ceux qui aiment cuisiner des choses simples et savoureuses.

Comme le dit sœur Angèle : « Sans nourriture, il n'y a pas de vie. Tout le monde doit manger. » Autant en faire un plaisir et une occasion de partage.

Entrez chez cette femme hors de l'ordinaire au sourire contagieux. Elle vous y attend.

Sœur Angèle, à l'âge de 16 ans.

Sœur Angèle, à droite, avec les propriétaire du Caffé Bramezza.

Entrées

Crèmes, soupes et veloutés

Autres

*La bonne cuisine
est honnête,
sincère et simple.*
Élizabeth Dand

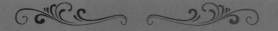

Consommé à la citrouille et au porto

PRÉPARATION : 15 MINUTES   CUISSON : 10 MINUTES   4 PORTIONS

Ingrédients

375 ml (1 ½ tasse) de chair de citrouille, coupée en dés

1 branche de céleri, coupée en dés

1 poireau, tranché

1 carotte, coupée en dés

1 l (4 tasses) d'eau

1 l (4 tasses) de consommé de bœuf

15 ml (1 c. à soupe) de porto

Sel et poivre au goût

Préparation

Faire bouillir la citrouille et les légumes jusqu'à tendreté.

Passer au tamis et au mélangeur jusqu'à ce que la préparation soit lisse.

Dans un chaudron, amener le consommé de bœuf à ébullition, puis ajouter le bouillon des légumes et le porto.

Vérifier l'assaisonnement et servir bien chaud, accompagné de pailles au fromage ou de craquelins.

Ingrédients

Coulis d'asperges

225 g (½ lb) d'asperges

60 ml (¼ tasse) de riz

750 ml (3 tasses) de bouillon de poulet

Sel au goût

Crabe

180 ml (¾ tasse) de chair de crabe

45 ml (3 c. à soupe) de beurre

45 ml (3 c. à soupe) de xérès (*sherry*)

750 ml (3 tasses) de coulis d'asperges

160 ml (⅔ tasse) de crème 35 %

Crème aux asperges et à la chair de crabe

PRÉPARATION :
30 MINUTES

CUISSON :
40 MINUTES

4 PORTIONS

Préparation

Couper les pointes d'asperges et réserver pour la décoration.

Couper les tiges d'asperges et les faire cuire avec le riz dans le bouillon chaud.

Réduire ce mélange au mélangeur, puis passer au chinois fin, réserver.

Faire cuire la chair de crabe à l'étouffée avec le beurre et le xérès, c'est-à-dire à couvert et à feu doux, pendant 4 à 5 minutes.

Lorsque la chair de crabe est à point, ajouter le coulis d'asperges et laisser mijoter quelques minutes.

Ajouter lentement la crème en brassant, puis amener au point d'ébullition.

Pendant ce temps, cuire les pointes d'asperges à l'eau bouillante salée quelques minutes seulement pour qu'elles restent légèrement croquantes.

Verser la crème bien chaude dans des bols et garnir de pointes d'asperges.

Crème de courgettes à l'estragon

Ingrédients

45 ml (3 c. à soupe) de beurre

4 courgettes, coupées en dés

1 oignon, haché

1 branche de céleri, tranchée

60 ml (¼ tasse) de farine

1 l (4 tasses) de bouillon de poulet

Sel et poivre au goût

30 ml (2 c. à soupe) de crème 35 %

5 ml (1 c. à thé) d'estragon frais

Préparation

Faire suer au beurre les courgettes, l'oignon et le céleri.

Saupoudrer de farine et mouiller avec le bouillon de poulet.

Laisser mijoter 10 à 15 minutes.

Assaisonner; passer au tamis et au mélangeur jusqu'à ce que la préparation soit lisse.

Ajouter la crème, l'estragon et vérifier l'assaisonnement.

Servir.

Ingrédients

30 ml (2 c. à soupe) de beurre

2 poireaux, tranchés en rondelles

60 ml (¼ tasse) d'oignons, hachés finement

500 ml (2 tasses) de bouillon de poulet

1 pomme de terre en minces rondelles

80 ml (⅓ tasse) de céleri, haché finement

1 pincée de noix de muscade

Sel et poivre au goût

1 ou 2 gouttes de sauce Worcestershire

125 ml (½ tasse) de crème 35 %

Préparation

Faire fondre le beurre dans une grande casserole, ajouter les poireaux et les oignons, les faire revenir sans les colorer.

Ajouter les autres ingrédients, sauf la crème.

Cuire jusqu'à ce que la pomme de terre soit tendre.

Passer au robot culinaire et vérifier l'assaisonnement.

Faire réchauffer et incorporer la crème en brassant.

Crème parmentier

PRÉPARATION :
15 MINUTES

CUISSON :
30 MINUTES

4 PORTIONS

Soupe au chou

Ingrédients

225 g (½ lb) de lard salé entrelardé, coupé en julienne

180 g (¾ tasse) d'oignons, hachés

1 gousse d'ail, hachée

675 g (1 ½ lb) de chou, coupé en fines lanières

1 l (4 tasses) de bouillon de poulet

Sel et poivre au goût

Préparation

Faire revenir la julienne de lard.

Ajouter les oignons et l'ail pour les faire suer avec le lard.

Ajouter le chou coupé en fines lanières.

Mouiller avec le bouillon de poulet.

Assaisonner et laisser mijoter 45 minutes.

Vérifier l'assaisonnement.

Servir.

Ingrédients

250 ml (1 tasse) d'oignons, hachés

60 ml (¼ tasse) de beurre

875 ml (3 ½ tasses) de gourganes

375 ml (1 ½ tasse) de lard salé

125 ml (½ tasse) d'orge perlé

1,5 l (6 tasses) de bouillon de poulet

Sel et poivre au goût

15 ml (1 c. à soupe) de sarriette

Préparation

Faire revenir les oignons hachés dans le beurre.

Ajouter les gourganes, le lard salé, l'orge perlé et le bouillon de poulet.

Assaisonner et aromatiser.

Laisser mijoter jusqu'à ce que les gourganes soient cuites, soit environ 1 heure 30 minutes.

Soupe aux gourganes

PRÉPARATION :
15 MINUTES

CUISSON :
1 HEURE 30 MINUTES

4 À 6 PORTIONS

Velouté aux huîtres malpèques garni de croûtons étoilés

Ingrédients

1 l (4 tasses) d'huîtres écaillées et leur jus

60 ml (¼ tasse) de farine

60 ml (¼ tasse) de beurre

500 ml (2 tasses) de lait

250 ml (1 tasse) de crème champêtre 15 %

2 ml (½ c. à thé) de bicarbonate de soude

Paprika, pour décorer

Poivre au goût

Croûtons

2 minces tranches de pain

Beurre fondu

Parmesan râpé

ou

Huile

1 gousse d'ail, hachée

Persil

Estragon

Mot de sœur Angèle :
Les croûtons peuvent être
faits à l'avance.

Préparation

Filtrer le jus des huîtres et réserver.

Faire un roux avec la farine et le beurre, ajouter le lait en brassant jusqu'à ébullition.

Ajouter la crème, le jus des huîtres et le bicarbonate de soude.

Vérifier l'assaisonnement, ne pas laisser bouillir.

Cinq minutes avant le service, ajouter les huîtres et servir dès que le bord des huîtres commence à festonner.

Servir dans des bols individuels en compagnie des croûtons, saupoudrer de paprika.

Croûtons

Préchauffer le four à 175 °C (350 °F).

Préparer les croûtons étoilés en découpant deux minces tranches de pain à l'aide d'un emporte-pièces.

Badigeonner les étoiles de beurre fondu et saupoudrer de fromage parmesan ou mettre dans un bol de l'huile, de l'ail haché, du persil ou de l'estragon haché et en badigeonner les croûtons en forme d'étoile.

Pour l'une ou l'autre des préparations, déposer les croûtons sur une plaque à biscuits et cuire au four jusqu'à ce qu'ils soient dorés.

Retirer du four et déposer sur un papier essuie-tout.

Servir le velouté dans des bols individuels en compagnie des croûtons; saupoudrer de paprika.

Ingrédients

80 ml (⅓ tasse) de céleri, haché finement

80 ml (⅓ tasse) d'oignon, haché finement

45 ml (3 c. à soupe) de beurre

15 ml (1 c. à soupe) de fécule de maïs

625 ml (2 ½ tasses) de lait chaud

125 ml (½ tasse) de crème 15 %

250 ml (1 tasse) de tomates concassées

5 ml (1 c. à thé) de sucre

Sel et poivre au goût

2,5 ml (½ c. à thé) de bicarbonate de soude

Persil haché, pour décorer

Crème de tomates

PRÉPARATION :
15 MINUTES

CUISSON :
7 MINUTES

4 PORTIONS

Préparation

Faire suer le céleri et l'oignon dans le beurre à couvert, à feu doux.

Ajouter la fécule et le lait chaud; cuire en remuant jusqu'à ébullition.

Laisser mijoter 3 à 4 minutes, puis ajouter la crème.

Dans un bol, mélanger les tomates, le sucre, le sel, le poivre et le bicarbonate de soude.

Verser dans le premier mélange en remuant continuellement sans laisser bouillir.

Servir immédiatement accompagnée de craquelins.

Décorer avec du persil haché.

Chaussons aux tomates et au fromage « Le Soeur Angèle »

PRÉPARATION : 30 MINUTES   CUISSON : 10 À 15 MINUTES   25 CHAUSSONS

Ingrédients

125 ml (½ tasse) de tomates fraîches, pelées, épépinées et hachées

2 échalotes, émincées

45 ml (3 c. à soupe) de basilic frais, haché

Sel et poivre au goût

10 feuilles de pâte filo, décongelées

125 ml (½ tasse) de beurre fondu pour beurrer

560 ml (2 ¼ tasses) de fromage « Le Sœur Angèle », râpé finement

45 ml (3 c. à soupe) de graines de sésame

Basilic frais, chicorée et batavia, pour garnir

Préparation

Préchauffer le four à 175 °C (350 °F).

Dans un bol, mélanger les tomates, les échalotes, le basilic, le sel et le poivre.

Sur une planche, déposer une feuille de pâte filo.

Badigeonner la pâte filo de beurre fondu et recouvrir d'une seconde feuille de pâte filo.

Couper 5 bandes égales de pâte dans le sens de la largeur.

Déposer 15 ml (1 c. à soupe) du mélange de tomates et la même quantité de fromage à 2,5 cm (1 po) du bord de chaque bande.

Replier le coin inférieur gauche sur la garniture pour former un triangle; bien refermer.

Faire 25 chaussons, les badigeonner d'un peu de beurre et saupoudrer de graines de sésame.

Huiler 2 plaques à biscuits, y placer les chaussons et cuire 10 à 15 minutes jusqu'à ce que la pâte soit bien dorée.

Servir les chaussons garnis de basilic, de chicorée et de batavia.

Ingrédients

250 ml (1 tasse) de mayonnaise ou de vinaigrette du marché (à votre choix)

15 ml (1 c. à soupe) de moutarde préparée

60 ml (¼ tasse) de cornichons à l'aneth, hachés finement

1 œuf cuit dur, haché

1 gousse d'ail, hachée finement

15 ml (1 c. à soupe) de câpres

15 ml (1 c. à soupe) de chacun : estragon, cerfeuil, persil

Sel et poivre au goût

454 g (1 lb) de crevettes cuites et refroidies

Feuilles d'endives

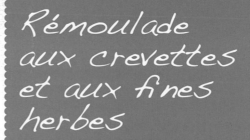

Rémoulade aux crevettes et aux fines herbes

PRÉPARATION :
15 MINUTES

RÉFRIGÉRATION :
1/2 JOURNÉE

4 PORTIONS

Préparation

Dans un bol moyen, mélanger la mayonnaise, la moutarde, les cornichons, l'œuf, l'ail, les câpres, les fines herbes, le sel et le poivre.

Vérifier l'assaisonnement et garder à couvert au réfrigérateur une dizaine d'heures.

Dans chaque assiette, séparer également les crevettes se chevauchant légèrement sur les feuilles d'endives.

Recouvrir généreusement de la sauce rémoulade préparée.

Mot de sœur Angèle : Si vous n'avez pas de fines herbes fraîches, utiliser des fines herbes séchées et mettre 5 ml (1 c. à thé) de chacune au lieu de 15 ml (1 c. à soupe) de fines herbes fraîches.

Roulades grillées aux légumes

PRÉPARATION : 20 MINUTES   CUISSON : 8 À 10 MINUTES   4 PORTIONS

Ingrédients

60 ml (¼ tasse) d'huile d'olive, divisée

4 oignons blancs, émincés

1 gousse d'ail, hachée

1 racine de gingembre de 1,25 cm (½ po), râpée

2 poivrons rouges, épépinés, coupés en julienne

1 paquet de fèves germées de 225 g (8 oz)

1 petit brocoli, en fleurons

4 œufs battus

1 branche de coriandre fraîche

15 ml (1 c. à soupe) d'origan frais

Sel et poivre du moulin

Préparation

Chauffer de l'huile dans un poêlon, faire revenir les oignons, l'ail, le gingembre, la moitié des poivrons.

Ajouter les fèves germées et le brocoli, cuire environ 2 minutes.

Retirer et réserver au chaud.

Chauffer un peu d'huile, ajouter le ¼ des œufs battus; étendre les œufs pour qu'ils couvrent le fond du poêlon; parsemer de coriandre et d'origan. Saler et poivrer.

Laisser les œufs cuire et retourner l'omelette sur une assiette.

Répéter cette opération 3 autres fois, en ajoutant un peu d'huile chaque fois.

Déposer les légumes sautés sur les omelettes et rouler.

Couper en diagonale, garnir d'origan et de poivrons.

Mot de sœur Angèle : Pour rendre la digestion des poivrons plus facile, les couper en deux, retirer les pépins, déposer les poivrons dans une lèchefrite, peau sur le dessus, et mettre à « broil » : lorsque la peau noircit, retirer les poivrons du four et enlever la peau (elle se retirera facilement).

Ingrédients

1 aubergine

15 ml (1 c. à soupe) de sel

8 tranches de mozzarella

2 tomates italiennes, coupées en 4 tranches

8 grosses feuilles de basilic

45 ml (3 c. à soupe) d'huile d'olive

Huile et vinaigre balsamique pour arroser

Sel et poivre du moulin

Hors-d'œuvre à l'aubergine et à la mozzarella

PRÉPARATION :
10 MINUTES

CUISSON :
12 MINUTES ENVIRON

4 PORTIONS

Préparation

Préchauffer le barbecue à intensité moyenne, déposer un papier d'aluminium sur la grille.

Couper l'aubergine en 8 tranches minces, les saupoudrer de sel, laisser reposer 10 minutes.

Bien les éponger et les déposer sur le barbecue; les badigeonner d'huile, les faire griller en les retournant 1 fois.

Cuire jusqu'à ce que les tranches d'aubergine soient tendres et dorées.

Retirer du feu.

Sur chaque tranche d'aubergine, déposer une tranche de mozzarella, une tranche de tomate, une feuille de basilic, replier et fixer avec un cure-dents; cuire sur lc grill, la nervure vers le bas jusqu'à ce qu'elle soit bien chaude et que le fromage mozzarella commence à fondre; arroser d'huile et de vinaigre balsamique.

Servir sur des tranches de pain grillées.

Légumes crus et marinade épicée au yogourt

Ingrédients

15 ml (1 c. à soupe) d'ail, haché finement

15 ml (1 c. à soupe) de gingembre frais, haché finement

250 ml (1 tasse) de yogourt nature

30 ml (2 c. à soupe) de jus de citron

1 ml (¼ c. à thé) de piment de cayenne

5 ml (1 c. à thé) de cumin moulu

1 ml (¼ c. à thé) de poivre moulu

5 ml (1 c. à thé) de sel

45 ml (3 c. à soupe) d'huile de tournesol

1 ml (¼ c. à thé) de poudre de cari

Légumes préparés et blanchis

Préparation

Déposer tous les ingrédients dans le bol d'un mélangeur.

Battre jusqu'à l'obtention d'une consistance crémeuse.

Blanchir des légumes : petites têtes de brocoli, de chou-fleur, des poivrons de différentes couleurs, des champignons arrosés de jus de citron pour les empêcher de s'oxyder, des bâtonnets de céleri, de carottes, des radis, etc.

Déposer la marinade épicée ou au yogourt au centre, entourer des légumes en alternant les couleurs.

Ingrédients

2 petits concombres

Sel et poivre au goût

45 ml (3 c. à soupe) de jus de citron

2 petites branches de céleri, en julienne

15 ml (1 c. à soupe) de sauce Chili

125 ml (½ tasse) de mayonnaise

Quelques gouttes de sauce Tabasco

454 g (1 lb) de crevettes nordiques

Laitue Boston en quantité suffisante

Cresson, pour décorer

Entrée aux crevettes nordiques

PRÉPARATION :
20 MINUTES

4 PORTIONS

Préparation

Peler les concombres, les couper en deux dans le sens de la longueur, les épépiner et couper la chair en julienne.

Saler les concombres et les laisser dégorger environ 10 minutes afin d'éliminer une partie de leur eau.

Égoutter soigneusement.

Mélanger les concombres avec les autres ingrédients.

Vérifier l'assaisonnement.

Servir en portions individuelles sur des feuilles de laitue.

Décorer avec du cresson.

Aumônières d'escargots florentines

Ingrédients

8 carrés de pâte filo

Beurre fondu

60 ml (¼ tasse) de vin blanc

250 ml (1 tasse) d'eau

2 ml (½ c. à thé) de sel

2 feuilles de laurier

2 ml (½ c. à thé) d'estragon séché

24 escargots en conserve, rincés et égouttés

45 ml (3 c. à soupe) de beurre

1 gousse d'ail, hachée

2 échalotes françaises, hachées

60 ml (¼ tasse) de vin blanc

125 ml (½ tasse) de crème 35 %

125 ml (½ tasse) d'épinards cuits hachés, bien égouttés

2 ml (½ c. à thé) d'estragon frais

Sel et poivre au goût

Laitue et carotte râpée, pour garnir

Préparation

Préchauffer le four à 175 °C (350 °F).

À l'aide d'un pinceau, badigeonner les carrés de pâte filo de beurre fondu; superposer 4 carrés de pâte sur quatre autres et réserver.

Dans une casserole, mettre le vin, l'eau, le sel, les feuilles de laurier et l'estragon; porter à ébullition, faire bouillir les escargots 2 minutes, égoutter, réserver.

Chauffer le beurre dans un poêlon, y faire revenir l'ail et les échalotes, mouiller de vin blanc et laisser réduire 2 minutes.

Incorporer la crème, les épinards et les escargots; cuire 5 minutes à feu doux, ajouter l'estragon, saler et poivrer.

Déposer au milieu de chaque carré 6 escargots en sauce, resserrer le baluchon en serrant avec les doigts juste au-dessus du mélange.

Déposer les aumônières sur une lèchefrite.

Cuire au four 8 à 10 minutes ou jusqu'à ce que la pâte soit bien dorée.

Servir chaud et garnir de laitue et de carotte râpée.

Ingrédients

Fondant

300 ml (10 oz) d'asperges fraîches ou surgelées

6 œufs

250 ml (1 tasse) de crème 35 %

20 ml (4 c. à thé) de jus de citron

Sel et poivre au goût

30 ml (2 c. à soupe) de beurre

Coulis de tomates

4 tomates fraîches

1 oignon, coupé en dés

1 petit clou de girofle

10 ml (2 c. à thé) de sucre

Persil, thym et laurier au goût

15 ml (1 c. à thé) de purée de tomates

15 ml (1 c. à thé) de beurre

Préparation

Préchauffer le four à 150 °C (300 °F).

Cuire les asperges à l'eau bouillante salée.

Égoutter et bien les éponger; réserver quelques têtes pour décorer puis passer le reste au mélangeur.

Ajouter les œufs, la crème, le jus de citron, le sel et le poivre.

Fondant d'asperges

PRÉPARATION :
15 MINUTES

CUISSON :
45 MINUTES

4 À 6 PORTIONS

Passer ensuite le mélange au tamis de façon à bien retirer les fibres.

Beurrer des ramequins ou une assiette à tarte et remplir aux trois quarts de la hauteur.

Déposer les ramequins dans un plat d'eau bouillante rempli aux deux tiers à pendant 45 minutes.

Laisser refroidir avant de démouler.

Dans un chaudron, mélanger les tomates, l'oignon, le clou de girofle, le sucre et les fines herbes à feu doux.

Lorsque la sauce a la consistance d'une crème, ajouter la purée de tomates et le beurre.

Mettre le tout au mélangeur puis passer au tamis.

Déposer les fondants d'asperges sur une feuille de laitue et servir avec un filet de coulis de tomates.

Bruschetta aux tomates et à la citrouille

Ingrédients

8 tranches de pain

45 ml (3 c. à soupe) d'huile d'olive, divisée

3 gousses d'ail, hachées

2 tomates pelées, épépinées, coupées en dés

500 ml (2 tasses) de citrouille, coupée en cubes

15 ml (1 c. à soupe) de basilic frais, haché ou
  5 ml (1 c. à thé) de basilic séché

15 ml (1 c. à soupe) de concentré de poulet

15 ml (1 c. à soupe) de persil haché

45 ml (3 c. à soupe) de parmesan frais, râpé

Sel et poivre de cayenne au goût

Préparation

Badigeonner les tranches de pain d'huile d'olive et les faire dorer au poêlon; réserver.

Dans le même poêlon, verser le reste de l'huile d'olive, et faire dorer l'ail.

Ajouter les tomates et la citrouille, le basilic et le concentré de poulet.

Cuire 10 à 12 minutes.

Ajouter le persil, le fromage parmesan, le sel et le poivre de cayenne.

Bien mélanger, retirer du feu, rectifier l'assaisonnement.

Tartiner le pain grillé de la préparation et servir chaud.

Ingrédients

60 ml (¼ tasse) de beurre

6 tranches de pain

60 ml (¼ tasse) d'oignon, haché

30 ml (2 c. à soupe) de beurre

45 ml (3 c. à soupe) de farine

250 ml (1 tasse) de lait chaud

125 g (½ tasse) de chair de crabe, cuite et débarrassée
des cartilages

Sel et poivre au goût

Persil, pour décorer

Tartelettes au crabe

PRÉPARATION :
30 MINUTES

CUISSON :
15 MINUTES

6 PORTIONS

Préparation

Préchauffer le four à 230 °C (450 °F).

Beurrer les tranches de pain, et en tapisser des moules à tartelettes.

Faire dorer au four.

Faire cuire les oignons dans le beurre, ajouter la farine.

Faire cuire encore 1 ou 2 minutes, puis verser lc lait chaud sur les oignons.

Amener au point d'ébullition tout en remuant, laisser mijoter quelques minutes.

Ajouter la chair de crabe à la sauce.

Assaisonner et verser dans les tartelettes, persiller et servir.

Viandes, poissons et fruits de mer

Viandes

Poissons et fruits de mer

Le réconfort d'un plat partagé n'a pas d'égal.

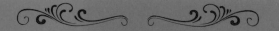

Entrecôte poêlée, sauce au thé vert

Ingrédients

15 ml (1 c. à soupe) d'huile

15 ml (1 c. à soupe) de beurre

Sel et poivre du moulin au goût

4 entrecôtes de bœuf de 225 g (8 oz) chacune

2 échalotes sèches, hachées

30 ml (2 c. à soupe) de thé vert

250 ml (2 tasses) d'eau bouillante

Préparation

Chauffer l'huile et le beurre dans un poêlon de fonte.

Assaisonner les entrecôtes et les cuire dans le poêlon.

Retirer du poêlon et réserver.

Faire suer les échalotes dans le même poêlon, cuire à feu doux à couvert.

Déglacer le poêlon avec le thé vert préalablement infusé dans l'eau bouillante.

Servir sur assiette chaude et accompagner de légumes de saison.

Ingrédients

60 ml (4 c. à soupe) d'huile d'olive

454 g (1 lb) de bifteck de surlonge désossé,
coupé en fines lanières

1 boîte de tomates concassées de 500 ml (16 oz)

1 enveloppe de soupe à l'oignon

Sel et poivre de cayenne au goût

1 poivron rouge, émincé

30 ml (2 c. à soupe) de fécule de maïs

5 ml (1 c. à thé) de basilic

500 ml (2 tasses) de mozzarella, râpée (facultatif)

6 feuilles de fajitas

Crème sure du commerce

Roulé de fajitas au bœuf épicé à l'italienne

PRÉPARATION :
15 MINUTES

CUISSON:
20 MINUTES

6 PORTIONS

Préparation

Chauffer l'huile dans un grand poêlon antiadhésif, y faire sauter le bœuf à feu vif 1 ou 2 minutes.

Ajouter les tomates, le mélange de soupe à l'oignon, le sel et le poivre de cayenne; cuire environ 15 minutes.

Ajouter le poivron et continuer la cuisson jusqu'à tendreté.

Ajouter la fécule délayée dans un peu d'eau, verser dans la préparation, ajouter le basilic et cuire jusqu'à ce que le mélange épaississe.

Tartiner les fajitas de crème sure du commerce.

Étendre une partie de la préparation sur chaque fajita.

Parsemer de mozzarella.

Rouler et servir.

Poivrons farcis

Ingrédients

4 poivrons rouges ou jaunes

4 saucisses italiennes douces

1 petit oignon

80 ml (⅓ tasse) de riz à grain long

125 ml (½ tasse) de fromage Cacciocavallo ou
   mozarella, râpé

60 ml (¼ tasse) de parmesan fraîchement râpé

15 ml (1 c. à soupe) de basilic séché ou
   30 ml (2 c. à soupe) de pesto

Huile d'olive

Préparation

Préchauffer le four à 175 °C (350 °F).

Couper le dessus des poivrons et vider l'intérieur,
réserver la partie du haut.

Mélanger tous les autres ingrédients.

Remplir les poivrons du mélange, puis replacer
la partie du haut.

Déposer dans un plat allant au four et cuire
pendant environ 40 à 45 minutes.

Servir avec la sauce tomate à l'ail rôti.

Sauce tomate à l'ail rôti

Ingrédients

3 à 4 gousses d'ail, grossièrement hachées

45 ml (3 c. à soupe) d'huile d'olive

8 tomates italiennes, coupées en gros morceaux

80 ml (⅓ tasse) de vin blanc

Sel et poivre au goût

Basilic ou pesto

Préparation

Faire revenir l'ail dans l'huile jusqu'à légère
coloration.

Ajouter les tomates, bien les faire saisir.

Déglacer avec le vin blanc et faire cuire environ
10 minutes.

Assaisonner au goût et ajouter du basilic frais ou
quelques cuillères à soupe de pesto.

Servir avec des pâtes fraîches ou des poivrons rôtis.

Ingrédients

200 g (7 oz) de lard entrelardé, coupé en dés

30 ml (2 c. à soupe) d'huile d'olive

454 g (1 lb) de bœuf, coupé en cubes

1 os de bœuf avec sa moelle

2 l (8 tasses) d'eau

Fleur de sel et poivre au goût

1 branche de romarin

8 petites carottes

4 oignons moyens entiers

½ navet, coupé en six

4 pommes de terre entières

250 ml (1 tasse) de haricots verts liés en quatre petites bottes

2 poireaux, coupés en quatre

½ chou, coupé en quatre

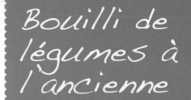

Bouilli de légumes à l'ancienne

PRÉPARATION :
45 MINUTES

CUISSON :
1 HEURE 15 MINUTES

4 PORTIONS

Préparation

Dans une grande casserole, faire revenir le lard dans l'huile d'olive à feu moyen environ 3 minutes.

Ajouter le bœuf et l'os de bœuf, faire dorer uniformément.

Ajouter l'eau et les assaisonnements.

Porter à ébullition, diminuer à feu doux, couvrir et laisser mijoter 60 minutes.

Ajouter les carottes, les oignons, le navet et les pommes de terre.

Poursuivre la cuisson 30 minutes.

Ajouter les haricots, les poireaux et le chou, poursuivre la cuisson encore 15 minutes.

Rectifier l'assaisonnement et servir très chaud avec du pain canadien.

Brochettes de veau au citron

Ingrédients

160 ml (⅔ tasse) d'huile

5 ml (1 c. à thé) de thym

2 feuilles de laurier

Jus d'un citron

10 ml (2 c. à thé) de sauce Worcestershire

675 g (1 ½ lb) de noix de veau, coupée en cubes de 25 g (1 oz)

1 piment vert, coupé en morceaux de 3 cm (1 po) de côté

1 piment rouge, coupé en morceaux de 3 cm (1 po) de côté

Sel et poivre au goût

30 ml (2 c. à soupe) de farine

1 œuf

30 ml (2 c. à soupe) de chapelure

Beurre et huile en quantité suffisante

45 ml (3 c. à soupe) de beurre fondu

15 ml (1 c. à soupe) de jus de citron

Préparation

Préchauffer le four à 175 °C (350 °F).

Mélanger l'huile, le thym, le laurier, le jus de citron et la sauce Worcestershire.

Y laisser mariner les cubes de veau pendant 8 heures.

Enfiler les cubes de veau sur des brochettes en alternant avec les piments.

Saler et poivrer.

Rouler dans la farine et dans l'œuf battu, puis rouler dans la chapelure.

Cuire au four dans un mélange d'huile et de beurre de 15 à 20 minutes.

Retirer du four.

Badigeonner les brochettes avec le mélange de beurre fondu et de jus de citron.

Servir sur du riz pilaf.

Crème de tomates (p. 15)

Roulades grillées aux légumes (p. 18)

Aumonières d'escargots florentines (p. 22)

Bruschetta aux tomates et à la citrouille (p. 24)

Ingrédients

175 ml (¾ tasse) de sirop d'érable

250 ml (1 tasse) de jus d'orange

15 ml (1 c. à soupe) de moutarde de Dijon

2 gousses d'ail, écrasées

15 ml (1 c. à soupe) d'huile d'olive

Zeste de 2 oranges

Sel et poivre au goût

30 ml (2 c. à soupe) de bouillon de poulet

6 tournedos de veau

15 ml (1 c. à soupe) de beurre

Tournedos de veau à l'orange et à l'érable

PRÉPARATION :
15 MINUTES

TEMPS DE REPOS :
2 HEURES

CUISSON :
20 À 25 MINUTES

6 PORTIONS

Préparation

Dans un bol, mélanger le sirop d'érable, le jus d'orange, la moutarde, l'ail, l'huile, le zeste des oranges, le sel, le poivre et le bouillon de poulet; cuire 2 minutes et écumer.

Ajouter les tournedos de veau, laisser macérer au réfrigérateur au moins 2 heures.

Préchauffer le four à 175 °C (350 °F).

Enlever le liquide, déposer les tournedos dans un plat allant au four.

Cuire au four pendant 20 à 25 minutes en arrosant avec la marinade.

Décorer de tranches d'orange et servir avec le confit de carottes.

Confit de carottes

Ingrédients

250 ml (1 tasse) de carottes râpées

60 ml (¼ tasse) de sirop d'érable

60 ml (¼ tasse) de vinaigre de cidre

1 anis étoilé

Préparation

Mélanger tous les ingrédients et cuire lentement jusqu'à ce que les carottes deviennent cristallines. Servir avec les tournedos de veau.

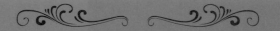
Ingrédients

12 cuisses de grenouilles

60 ml (¼ tasse) de lait

Sel, poivre et quelques gouttes de sauce Tabasco, en quantité suffisante

Huile pour la grande friture

180 ml (¾ tasse) de farine tout usage

2 œufs

Quartiers de citron, pour garnir

Sauce tartare

Préparation

Dans un plat, disposer les cuisses de grenouilles, ajouter assez de lait pour couvrir, ajouter du sel, du poivre et quelques gouttes de sauce Tabasco et laisser reposer 20 minutes, à couvert au réfrigérateur.

Dans une casserole de grandeur moyenne, chauffer l'huile à 190 °C (375 °F) en utilisant le thermomètre à friture.

Passer les cuisses de grenouilles dans les œufs légèrement battus.

Dans un sac de plastique, déposer la farine.

Égoutter les cuisses de grenouilles, les mettre dans le sac de farine et secouer pour bien les enrober.

Plonger quelques cuisses de grenouilles dans l'huile, les retourner une à la fois, les frire jusqu'à ce qu'elles soient dorées.

Égoutter les cuisses frites sur du papier essuie-tout pour enlever le surplus de gras.

Servir avec des quartiers de citron et de la sauce tartare.

Sauce tartare

Ingrédients

250 ml (1 tasse) de mayonnaise

60 ml (¼ tasse) de relish de cornichons sucrés

15 ml (1 c. à soupe) de jus de citron

15 ml (1 c. à soupe) de câpres égouttées

15 ml (1 c. à soupe) de persil haché

½ petit oignon, râpé

Préparation

Dans un bol, bien mélanger tous les ingrédients.

Couvrir et réfrigérer environ 1 heure.

Ingrédients

4 suprêmes d'oie

Graisse d'oie ou huile et beurre en quantité suffisante

80 ml (⅓ de tasse) de Calvabec

250 ml (1 tasse) de bouillon de poulet

2 à 3 branches d'estragon (ciseler les pluches)

160 ml (⅔ tasse) de crème 35 %

30 ml (2 c. à soupe) de beurre

2 pluches de cerfeuil, pour garnir

Magrets d'oie à l'estragon et au cerfeuil

PRÉPARATION :
10 MINUTES

CUISSON :
10 MINUTES

4 PORTIONS

Préparation

Faire revenir les suprêmes d'oie du côté de la peau dans le gras très chaud jusqu'à ce que la peau devienne croustillante.

Cuire l'autre côté, retirer et conserver au chaud.

Dégraisser le poêlon et déglacer avec le Calvabec. Flamber et mouiller avec le bouillon de poulet.

Ajouter les pluches d'estragon au bouillon, laisser réduire de moitié; ajouter la crème en brassant pour bien lier.

Monter ce bouillon réduit au beurre; parsemer de pluches de cerfeuil.

Napper les assiettes de sauce.

Découper les suprêmes en escalopes, les coucher sur la sauce.

Garnir de quelques pluches de cerfeuil.

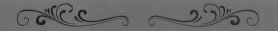

Côtes levées délicieuses

PRÉPARATION : 20 MINUTES   CUISSON : 1 HEURE 15 MINUTES   4 PORTIONS

Ingrédients

1 kg (2 lb) de côtes levées de porc

1 oignon, émincé

80 ml (⅓ tasse) de mélasse

Sel et poivre au goût

Eau en quantité suffisante

80 ml (⅓ tasse) de ketchup

30 ml (2 c. à soupe) de sauce barbecue

15 ml (1 c. à soupe) de sauce chili

15 ml (1 c. à soupe) de sauce H.P.

30 ml (2 c. à soupe) de mélasse

Préparation

Préchauffer le four à 190 °C (375 °F).

Étendre les côtes, les couper en groupes de 6 ou 7 côtes.

Mettre les côtes dans une casserole avec l'oignon, la mélasse, le sel et le poivre, couvrir avec de l'eau et amener à ébullition.

Laisser mijoter pendant 45 minutes.

Mélanger le ketchup avec la sauce barbecue, la sauce chili, la sauce H.P., la mélasse. Assaisonner.

Retirer les côtes de la casserole et les ranger sur une plaque allant au four.

Les badigeonner sur toutes les surfaces avec les deux tiers du mélange.

Cuire au four pendant 20 minutes.

Retirer la plaque du four et enduire les côtes du reste de la sauce.

Poursuivre la cuisson au four pendant 10 minutes.

Retirer du four et servir immédiatement.

Ingrédients

500 g (1 lb et 2 oz) de maigre de porc, en tranches

30 ml (2 c. à soupe) de sauce soya

2 ml (2 c. à thé) de gingembre frais, haché

1 gousse d'ail, hachée

45 ml (3 c. à soupe) d'huile d'arachide, divisée

200 ml (¾ tasse) de carottes, coupées en dés

500 ml (2 tasses) de brocoli, en fleurons

500 ml (2 tasses) de chou-fleur, en fleurons

125 ml (½ tasse) de pois mange-tout

2 oignons, émincés

1 poivron rouge, en dés

250 ml (1 tasse) de céleri, émincé

1 l (4 tasses) de chou chinois, coupé en morceaux

250 ml (1 tasse) de champignons, en quartiers

60 ml (¼ tasse) d'eau

15 ml (1 c. à soupe) de fécule de maïs

Préparation

Faire mariner les tranches de viande dans la sauce soya, le gingembre et l'ail pendant 30 minutes.

Faire chauffer un peu d'huile dans un wok ou une sauteuse.

À feu vif, y faire cuire les carottes, le brocoli, le chou-fleur et les pois mange-tout en ajoutant chacun à intervalle de 1 minute.

Retirer ce mélange du wok et le réserver au chaud à couvert.

Sauté de porc et de légumes à la chinoise

PRÉPARATION :
30 MINUTES

MARINADE :
30 MINUTES

CUISSON :
15 MINUTES

4 PORTIONS

Verser un peu d'huile dans le wok et faire cuire successivement, à feu vif, les oignons, le poivron, le céleri, le chou chinois et les champignons.

Réserver ce mélange au chaud avec les autres légumes.

Faire chauffer le reste de l'huile dans le wok et faire cuire la viande à feu vif pendant 2 à 3 minutes, réserver au chaud.

Verser l'eau dans le wok et l'épaissir avec la fécule préalablement diluée dans un peu d'eau.

Laisser cuire pendant 1 minute.

Ajouter les légumes et la viande, chauffer 1 à 2 minutes, en remuant.

Amener à ébullition et servir très chaud.

Filet de porc mariné aux agrumes

Ingrédients

1 filet de porc de 454 g (1 lb)

Marinade

125 ml (½ tasse) de jus d'orange

60 ml (¼ tasse) de jus de citron

30 ml (2 c. à soupe) d'huile d'olive

30 ml (2 c. à soupe) de sauce soya

15 ml (1 c. à soupe) de moutarde de Dijon

1 oignon, haché finement

1 gousse d'ail, hachée

Poivre en quantité suffisante

Tranches d'orange et de citron, pour décorer

Persil, pour décorer

Liaison

15 ml (1 c. à soupe) de fécule de maïs

80 ml (⅓ tasse) d'eau

Préparation

Déposer le filet de porc dans une casserole.

Mélanger tous les ingrédients de la marinade et verser sur le filet.

Laisser mariner au moins 3 heures à couvert dans le réfrigérateur.

Préchauffer le four à 190 °C (375 °F).

Retirer le porc de la marinade et cuire au four 25 minutes.

Retirer du four et conserver au chaud.

Chauffer la marinade dans une casserole, lier avec la fécule délayée dans l'eau, amener à ébullition, laisser mijoter quelques minutes.

Vérifier l'assaisonnement, servir cette sauce avec le filet bien chaud.

Décorer de persil, de demi-tranches d'orange et de citron en alternant.

Ingrédients

1 oignon, haché

2 gousses d'ail, hachées

125 g (½ tasse) de graisse

350 g (¾ lb) de porc haché

60 g (¼ lb) de veau haché

125 ml (½ tasse) de chapelure

1 ml (¼ c. à thé) de clou de girofle moulu

1 ml (¼ c. à thé) de cannelle

Sel et poivre au goût

250 ml (1 tasse) d'eau ou de bouillon de poulet

1 recette de pâte brisée

Tourtière à la canadienne

PRÉPARATION :
15 MINUTES

CUISSON :
1 HEURE

6 PORTIONS

Préparation

Faire suer l'oignon et l'ail dans le gras, ajouter les viandes hachées, bien mêler, cuire quelques minutes.

Incorporer la chapelure, le clou, la cannelle, le sel et le poivre.

Ajouter l'eau ou le bouillon de poulet, cuire 25 minutes à feu moyen.

Refroidir.

Préchauffer le four à 190 °C (375 °F).

Abaisser la moitié de la pâte, foncer une assiette de 23 cm (9 po) de diamètre.

Verser la préparation de viande refroidie sur la pâte.

Abaisser le reste de la pâte, faire une incision au centre et recouvrir la tourtière; bien sceller les bords de la pâte avec de l'eau.

Cuire au four environ 35 à 40 minutes.

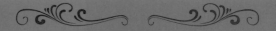

Ragoût de patte et de boulettes

Ingrédients

Patte

1 patte de porc, coupée en tronçons

1 l (4 tasses) d'eau

1 oignon, coupé en tronçons

1 carotte, coupée en tronçons

1 branche de céleri, coupée en tronçons

Sel, poivre, clou et cannelle au goût

Boulettes

454 g (1 lb) de porc haché

1 œuf

1 oignon, haché finement

1 ml (¼ c. à thé) de clou de girofle

1 ml (¼ c. à thé) de cannelle

Sel et poivre au goût

Farine, pour recouvrir les boulettes

Graisse, pour dorer les boulettes

1 l (4 tasses) de bouillon de poulet

60 ml (¼ tasse) de farine grillée, pour lier

Préparation

Dans une casserole, cuire la patte de porc dans l'eau avec les légumes et les assaisonnements, environ 2 heures ou jusqu'à ce que la chair se détache des os.

Pour préparer les boulettes, mélanger la viande de porc, l'œuf, l'oignon, le clou de girofle, la cannelle, le sel et le poivre.

Former des boulettes de 3,75 cm (1 ½ po), les passer dans la farine et les faire dorer légèrement dans la graisse; les déposer sur un papier absorbant pour enlever le surplus de gras.

Désosser la patte et réserver les morceaux de chair.

Chauffer le bouillon de cuisson de la patte, ajouter les boulettes et la chair de la patte; laisser mijoter 15 minutes, vérifier l'assaisonnement.

Pour griller la farine, la déposer dans un poêlon ou la placer au four à 175 °C (350 °F), remuer de temps en temps pour que la farine brunisse sans brûler.

Délayer la farine grillée dans un peu d'eau, et verser directement dans le bouillon en brassant, laisser mijoter quelques minutes.

Servir.

Ingrédients

1 kg (2 lb) de bœuf ou de caribou, de cerf ou de chevreuil, de lièvre ou de lapin, coupé en petits cubes

450 g (1 lb) de porc, coupé en petits cubes

450 g (1 lb) de veau ou de perdrix, coupé en petit cubes

125 g (¼ lb) de lard entrelardé, coupé en petits dés

5 gros oignons, coupés en petits dés

5 ml (1 c. à thé) de sarriette

60 ml (¼ tasse) de persil haché

Sel et poivre au goût

1 recette de pâte brisée

8 pommes de terre « Désirée », coupées en cubes

Bouillon de poulet ou de bœuf pour couvrir le tout

Tourtière du Lac-Saint-Jean

PRÉPARATION :
30 MINUTES

MARINADE :
12 À 24 HEURES

CUISSON :
7 À 9 HEURES

6 À 8 PORTIONS

Préparation

24 heures avant

Mélanger les viandes avec les oignons et les assaisonnements.

Réfrigérer 12 à 24 heures à couvert.

Le jour même

Préchauffer le four à 205 °C (400 °F).

Couvrir tout l'intérieur d'une cocotte en terre cuite ou d'un chaudron de fer de pâte brisée.

Déposer les viandes et les pommes de terre en alternant un rang de viande et un rang de pommes de terre.

Verser le bouillon juste pour couvrir le tout; mouiller le pourtour de la pâte.

Déposer une abaisse sur le dessus en faisant un petit trou au centre pour faire sortir la vapeur; bien sceller les deux pâtes.

Ajouter un peu de bouillon, si c'est nécessaire, au cours de la cuisson.

Cuire au four pendant 1 heure, baisser le feu et cuire à 120 °C (250 °F) pendant 6 à 8 heures, au goût.

Mot de sœur Angèle : Si la pâte dore trop vite, couvrir avec un papier d'aluminium jusqu'à la fin de la cuisson.

Jambon glacé à l'ananas

PRÉPARATION : 25 MINUTES   CUISSON : 2 HEURES   6 PORTIONS

Ingrédients

1 jambon d'environ 2 kg (4 ½ lb)

60 ml (¼ tasse) de sucre d'érable

60 ml (¼ tasse) de chapelure

15 ml (1 c. à soupe) de moutarde sèche

30 ml (2 c. à soupe) de vinaigre

60 ml (¼ tasse) de jus d'ananas

Clous de girofle en quantité suffisante

Tranches d'ananas frais ou en conserve
en quantité suffisante

Cerises au marasquin en quantité suffisante

Préparation

Préchauffer le four à 160 °C (325 °F).

À l'aide d'un couteau, dessiner des losanges dans le gras du jambon à 0,5 cm (¼ po) de profondeur.

Mettre le jambon dans une lèchefrite, le côté gras sur le dessus.

Cuire au four pendant 1 heure.

Pendant ce temps, mélanger le sucre d'érable, la chapelure, la moutarde, le vinaigre et le jus d'ananas.

Retirer le jambon du four et retirer le fond de cuisson.

Piquer le jambon d'un clou de girofle au centre de chaque losange.

À l'aide d'un pinceau, badigeonner le jambon avec le mélange au sucre d'érable.

Décorer le jambon de tranches d'ananas en les fixant à l'aide d'une cerise piquée d'un cure-dent.

Badigeonner de nouveau et remettre au four 1 heure de plus en arrosant souvent de jus d'ananas et du reste de la glace au sucre d'érable.

 Mot de sœur Angèle : Ne pas superposer les tranches d'ananas.

Ingrédients

4 suprêmes de canard

Sauce

1 oignon, haché

1 pincée de cari ou de cannelle moulue

125 ml (½ tasse) de porto

125 ml (½ tasse) de fond de canard (sauce)

30 ml (2 c. à soupe) de miel

180 ml (¾ tasse) de canneberges fraîches ou congelées

Zeste d'une orange

Suprêmes d'orange et ciboulette, pour garnir

Courgettes blanchies, coupées en éventail

Tomates cerises

Pâtes alimentaires de votre choix, cuites

Préparation

Chauffer le poêlon, quadriller le gras du canard, saler et poivrer. Faire saisir côté peau d'abord et tourner pour le dorer des deux côtés.

Retirer du poêlon.

Déposer au four à 120 °C (250 °F) pendant la préparation de la sauce et de la garniture.

Dans le même poêlon, déposer l'oignon haché, saupoudrer de cari ou de cannelle, déglacer au porto, ajouter la sauce, le miel, les canneberges, le zeste d'orange et amener à ébullition.

Suprêmes de canard, sauce aux canneberges et au miel

PRÉPARATION :
10 MINUTES

CUISSON :
10 À 12 MINUTES

4 PORTIONS

 Mot de sœur Angèle : Il est très important de servir la viande de canard rosée pour lui conserver sa tendreté.

Vérifier l'assaisonnement.

Sortir le canard du four et laisser reposer.

Dans un plat de service, déposer des pâtes cuites en forme de nid.

Trancher le canard, et placer les tranches sur les pâtes ; finir avec les suprêmes d'orange et la ciboulette.

Disposer les légumes autour et napper de sauce.

Lièvre braisé au cidre

Ingrédients

1 lièvre de 1 kg (2 lb)

375 ml (1 ½ tasse) de cidre sec

5 ml (1 c. à thé) de cannelle

1 feuille de laurier

15 ml (1 c. à soupe) de farine tout usage

15 ml (1 c. à soupe) de beurre

Huile en quantité suffisante

Sel et poivre au goût

80 ml (⅓ tasse) de jus de pomme

750 ml (3 tasses) de bouillon de poulet

Beurre en quantité suffisante

2 pommes, en quartiers

30 ml (2 c. à soupe) de sucre

Préparation

Préchauffer le four à 175 °C (350 °F).

Découper le lièvre, le faire mariner pendant 24 heures dans le mélange de cidre, de cannelle et de feuille de laurier.

Retirer le lièvre de la marinade et bien égoutter. Réserver la marinade.

Fariner légèrement les morceaux de lièvre, puis les faire colorer dans le beurre et l'huile, assaisonner.

Dégraisser la casserole et déglacer avec la marinade.

Ajouter le jus de pomme et le bouillon de poulet.

Cuire au four pendant 1 heure 15 minutes ou jusqu'à ce que la chair se détache facilement des os.

Retirer le lièvre de la casserole et faire réduire le jus de cuisson jusqu'à la consistance désirée; passer cette sauce au tamis.

Servir le lièvre nappé de cette sauce.

Décorer de quartiers de pommes préalablement sautés au beurre.

Saupoudrer de sucre.

Ingrédients

1 lapin (1,5 kg ou 3 lb), coupé en morceaux

Jus d'un citron

45 ml (3 c. à soupe) d'huile d'olive

30 ml (2 c. à soupe) de beurre

4 poireaux, émincés

3 gousses d'ail, hachées finement

1 branche de romarin

2 tomates, mondées, épépinées et tranchées

125 ml (½ tasse) de vin blanc

60 ml (¼ tasse) de sirop d'érable

500 ml (2 tasses) de bouillon de poulet

Sel et poivre au goût

250 ml (1 tasse) de champignons, coupés en morceaux

12 abricots secs

Préparation

Préchauffer le four à 175 °C (350 °F).

Essuyer le lapin avec un linge humide, l'arroser de jus de citron.

Chauffer l'huile et le beurre dans un poêlon, saisir tous les morceaux de lapin.

Retirer du poêlon et déposer dans une casserole qui va au four.

Dans le même poêlon, ajouter un peu de matière grasse si nécessaire, et faire saisir la moitié des poireaux émincés, l'ail, le romarin et les tomates hachées.

Cuire 2 à 3 minutes, ajouter le vin blanc, le sirop d'érable, le bouillon de poulet, le sel et le poivre, laisser mijoter 5 minutes et verser sur le lapin.

Cuire au four jusqu'à ce que la chair se détache des os, soit environ 45 minutes.

Faire revenir le reste des poireaux, les champignons et les abricots, cuire environ 3 à 4 minutes, déposer autour du lapin.

Sauté de lapin aux poireaux et aux abricots

PRÉPARATION :
15 MINUTES

CUISSON :
1 HEURE 20 MINUTES

4 À 6 PORTIONS

Mot de sœur Angèle : Le foie de lapin, saisi dans l'huile et le beurre avec un oignon émincé, arrosé de vin blanc, salé et poivré, est excellent servi avec une salade.

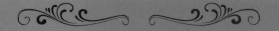

Tournedos de poulet au miel et au cari

Ingrédients

8 tournedos de poulet

160 ml (⅔ tasse) de beurre fondu

250 ml (1 tasse) de miel liquide

125 ml (½ tasse) de moutarde préparée

30 ml (2 c. à soupe) de cari

Préparation

Préchauffer le four à 175 °C (350 °F).

Déposer les tournedos dans un plat rectangulaire.

Cuire au four pendant 10 minutes.

Dans un bol, mélanger le beurre, le miel, la moutarde et le cari.

Verser sur le poulet et couvrir.

Poursuivre la cuisson environ 30 minutes, jusqu'à ce que le poulet soit cuit.

Servir avec un riz basmati et une généreuse portion de légumes frais.

Ingrédients

4 poitrines de poulet

30 ml (2 c. à soupe) d'huile d'olive

2 gousses d'ail, émincées

30 ml (2 c. à soupe) de sirop d'érable

10 ml (2 c. à thé) de sauce Tabasco

5 ml (1 c. à thé) de fécule de maïs

30 ml (2 c. à soupe) de vinaigre de framboise

4 feuilles de sauge

4 branches de romarin

Poitrines de poulet à l'érable et au vinaigre de framboise

PRÉPARATION :
10 MINUTES

CUISSON :
AU BARBECUE : 12 À 15 MINUTES
AU FOUR : 45 MINUTES

4 PORTIONS

Préparation

Mélanger tous les ingrédients jusqu'au vinaigre de framboise inclusivement.

Badigeonner les poitrines de poulet de ce mélange; déposer autour la sauge et le romarin.

Cuire sur le barbecue à intensité moyenne, pendant 12 à 15 minutes en les retournant de temps en temps ou cuire au four à 175 °C (350 °F) pendant 45 minutes.

Accompagner de brochettes de mangues, d'ananas et de fraises.

Poitrines de poulet aux cœurs d'artichauts

Ingrédients

1 oignon, coupé en dés

1 gousse d'ail, hachée

5 ml (1 c. à thé) d'estragon séché

5 ml (1 c. à thé) d'origan séché

30 ml (2 c. à soupe) d'huile

15 ml (1 c. à soupe) de beurre

4 petites poitrines de poulet, séparées en deux dans le sens de l'épaisseur

60 ml (¼ tasse) de vin blanc

Sel et poivre au goût

Sauce

15 ml (1 c. à soupe) de beurre

15 ml (1 c. à soupe) de fécule de maïs

60 ml (¼ tasse) de chacun : vin blanc, bouillon de poulet, crème sure et parmesan râpé

15 ml (1 c. à soupe) de moutarde de Dijon

Sel et poivre au goût

Fonds d'artichauts et persil haché, pour garnir

Préparation

Faire revenir l'oignon, l'ail, l'estragon et l'origan dans l'huile et le beurre.

Ajouter les poitrines de poulet, les faire sauter en les retournant de temps en temps jusqu'à ce que le poulet soit cuit.

Ajouter le vin blanc, le sel et le poivre et cuire 5 minutes à couvert.

Retirer les poitrines et garder au chaud.

Pour la sauce, faire fondre le beurre dans la même poêle et ajouter la fécule de maïs; bien mélanger.

Ajouter le vin, le bouillon de poulet, la crème sure en brassant; en dernier, ajouter le parmesan, la moutarde, le sel et le poivre.

Mettre le poulet dans un plat peu profond allant au four, les artichauts autour, verser la sauce sur le poulet et persiller, remettre au four pour griller encore 5 minutes.

Ingrédients

4 suprêmes de poulet du Québec

30 ml (2 c. à soupe) de moutarde de Dijon

Farce

250 ml (1 tasse) de fromage à la crème

250 ml (1 tasse) d'olives noires, hachées

30 ml (2 c. à soupe) d'origan frais, haché

30 ml (2 c. à soupe) de ciboulette fraîche, hachée

15 ml (1 c. à soupe) de persil frais, haché

Sel et poivre au goût

15 ml (1 c. à soupe) d'huile d'olive

15 ml (1 c. à soupe) de beurre

Coulis de poulet

250 ml (1 tasse) de bouillon de poulet maison

30 ml (2 c. à soupe) de beurre

Sel et poivre au goût

Préparation

Préchauffer le four à 175 °C (350 °F).

Déposer les suprêmes de poulet sur 4 feuilles ouvertes de pellicule plastique; badigeonner légèrement de moutarde.

Mélanger le fromage, les olives, l'origan, la ciboulette et le persil. Assaisonner et déposer ce mélange au centre

Suprêmes de poulet farcis aux olives noires

PRÉPARATION :
30 MINUTES

CUISSON :
25 MINUTES

4 PORTIONS

de chaque suprême. Bien refermer la chair du poulet à l'aide de pellicule plastique et fixer avec des cure-dents.

Retirer la pellicule, faire chauffer le beurre et l'huile et saisir les suprêmes de poulet jusqu'à ce qu'ils soient dorés. Mettre au four 20 minutes.

Retirer les suprêmes et réserver au chaud.

Porter le bouillon à ébullition, ajouter le beurre en fouettant et vérifier l'assaisonnement. Enlever les cure-dents des suprêmes et servir nappés de ce coulis.

Accompagner de pommes de terre au four et de petits pois mange-tout.

Filets de dindon, sauce veloutée au vin blanc

PRÉPARATION : 8 À 10 MINUTES   CUISSON : 15 MINUTES   4 PORTIONS

Ingrédients

30 ml (2 c. à soupe) d'huile d'olive

30 ml (2 c. à soupe) de beurre

4 filets de dindon de 120 à 180 g (4 à 6 oz) chacun

2 gousses d'ail, hachées

15 ml (1 c. à soupe) de gingembre frais, râpé

180 ml (¾ tasse) de vin blanc

45 ml (3 c. à soupe) de sauce Worcestershire

45 ml (3 c. à soupe) de miel

125 ml (½ tasse) de crème 35 %

12 kumquats ou quartiers d'oranges

Persil, pour décorer

Préparation

Dans un poêlon, faire chauffer l'huile et le beurre et y faire dorer les filets de dindon puis réserver.

Faire revenir l'ail et le gingembre, déglacer la casserole avec le vin blanc, ajouter la sauce Worcestershire et le miel, laisser mijoter quelques minutes.

Verser la crème et brasser doucement jusqu'à ce que la sauce soit crémeuse.

Dans un autre poêlon, faire sauter les kumquats.

Placer les filets de dindon dans un plat de service, napper de sauce, disposer joliment les kumquats ou les quartiers d'orange et persiller le tout.

Ingrédients

Marinade

Jus et zeste de 2 oranges et de ½ citron

30 ml (2 c. à soupe) de moutarde de Dijon

30 ml (2 c. à soupe) de sirop d'érable

250 ml (1 tasse) de liqueur de bleuets

2,5 ml (½ c. à thé) de gingembre frais, râpé (facultatif)

Dindonneau

4 filets de dindonneau de 120 à 180 g (4 à 6 oz) chacun

30 ml (2 c. à soupe) d'huile d'olive

30 ml (2 c. à soupe) de beurre

Sel et poivre

1 casseau de bleuets

Persil et tranches d'orange, pour décorer

Petits filets de dindonneau, sauce aux bleuets

PRÉPARATION :
8 À 10 MINUTES

MARINADE :
2 HEURES

CUISSON :
10 À 12 MINUTES

4 PORTIONS

Préparation

Mélanger tous les ingrédients de la marinade.

Déposer les filets de dindonneau dans la marinade, laisser mariner 2 heures au réfrigérateur.

Égoutter. Dans un poêlon, faire chauffer l'huile et le beurre et y faire dorer les filets de dindonneau, diminuer le feu, badigeonner de marinade pendant la cuisson.

Vers la fin de la cuisson, ajouter la marinade et les bleuets, vérifier l'assaisonnement et retirer du feu.

Déposer la sauce dans un plat de service, puis les filets de dindonneau.

Décorer avec des tranches d'orange et du persil.

Galantine de poulet

PRÉPARATION : 20 MINUTES   CUISSON : 2 HEURES   REPOS : 2 HEURES OU PLUS   RÉFRIGÉRATION : 3 HEURES   4 PORTIONS

Ingrédients

Poulet

1 poulet ou une poule de 1,8 kg (4 lb) environ

1 l (4 tasses) d'eau froide

1 oignon, émincé

1 branche de céleri avec feuilles

1 carotte, coupée en dés

5 ml (1 c. à thé) de thym

1 feuille de laurier

Galantine

Huile végétale en quantité suffisante

1 carotte cuite, coupée en forme de fleur

1 poulet cuit, en morceaux

1 brunoise de légumes cuits (céleri, carottes, piments)

1 enveloppe de gélatine non aromatisée

375 ml (1 ½ tasse) de bouillon de cuisson

15 ml (1 c. à soupe) de concentré de poulet

Sel et poivre au goût

Préparation

Mettre la volaille dans une casserole avec l'eau froide, l'oignon, le céleri, la carotte, le thym et le laurier.

Porter à ébullition, laisser mijoter jusqu'à ce que la viande soit tendre (environ 2 heures).

Laisser refroidir la pièce dans son bouillon.

Désosser et réserver le tout.

Pour la préparation de la galantine, utiliser 1 petit moule à pain ou 4 moules individuels.

Huiler les moules, déposer les fleurs de carottes en fleurs dans le fond de ceux-ci; déposer la viande cuite sur les carottes.

Dissoudre la gélatine dans 60 ml (¼ tasse) de bouillon froid.

Réchauffer le bouillon pour faire fondre la gélatine.

Ajouter le concentré de poulet, la brunoise de légumes, verser sur la viande cuite, saler et poivrer.

Réfrigérer jusqu'à ce que la préparation soit en gelée, soit environ 3 heures.

Démouler et servir.

Décorer avec des légumes de saison.

Ingrédients

1 dindon de 3,5 kg (8 lb)

30 ml (2 c. à soupe) de beurre

15 ml (1 c. à soupe) de concentré de poulet

Jus d'un citron

60 ml (¼ tasse) de vin blanc

5 ml (1 c. à thé) de chacun : thym et romarin

2 gousses d'ail, séparées en deux

Farce

45 ml (3 c. à soupe) de beurre ou d'huile

1 gros oignon, haché finement

1 branche de céleri, hachée finement

125 ml (½ tasse) de noisettes grillées, concassées

4 saucisses italiennes

250 ml (1 tasse) de chapelure

30 ml (2 c. à soupe) de concentré de poulet

125 ml (½ tasse) de vin ou de cidre de glace

Sel et poivre

Préparation

Préchauffer le four à 175 °C (350 °F).

Préparer la farce en faisant revenir, dans le beurre ou l'huile, l'oignon, le céleri et les noisettes; laisser refroidir.

Retirer l'enveloppe des saucisses, écraser la viande et ajouter au premier mélange avec la chapelure,

Dindon farci à la chair de saucisse et aux noisettes concassées

PRÉPARATION :
25 MINUTES

CUISSON :
40 À 45 MINUTES

8 À 10 PORTIONS

le concentré de poulet, le vin ou le cidre de glace et les assaisonnements.

Réserver.

Déposer le dindon dans une rôtissoire, mélanger le beurre et le concentré de poulet, en frotter le dindon entre la chair et la peau.

Arroser l'intérieur du dindon de jus de citron et de vin.

Saupoudrer le dindon de thym et de romarin.

Farcir le dindon et le ficeler.

Frotter la peau du dindon avec les gousses d'ail.

Cuire au four pendant 40 à 45 minutes, jusqu'à ce que les cuisses se détachent facilement.

Déposer le dindon dans un plat de service entouré de pommes de terre rissolées et de bouquets de persil.

Dinde à l'orientale

Ingrédients

Dinde

1 œuf

5 ml (1 c. à thé) de sauce soya

750 ml (24 oz) de dinde

80 ml (⅓ tasse) de fécule de maïs

Huile en quantité suffisante pour la friture

Sauce

1 boîte de 375 ml (12 oz) d'ananas,
   coupés en morceaux

Bouillon de poulet ou eau en quantité suffisante

30 ml (2 c. à soupe) de beurre

2 gousses d'ail, écrasées

2 oignons, coupés en morceaux

250 ml (1 tasse) de sucre

180 ml (¾ tasse) de vinaigre de cidre

30 ml (2 c. à soupe) de fécule de maïs

60 ml (¼ tasse) d'eau

30 ml (2 c. à soupe) de ketchup

10 ml (2 c. à thé) de sauce soya

Pois mange-tout ou pois chiches

Préparation

Battre l'œuf avec la sauce soya dans un plat peu profond.

Ajouter les morceaux de dinde et remuer pour bien enrober, laisser reposer 10 minutes.

Faire chauffer l'huile de la friteuse jusqu'à 375 °F (190 °C) au thermomètre à friture.

Déposer la fécule de maïs dans un sac, y placer quelques morceaux de dinde à la fois et secouer jusqu'à ce qu'ils soient également enrobés de fécule.

Plonger les morceaux de dinde dans l'huile chaude, cuire 3 à 5 minutes en les tournant une fois, jusqu'à ce qu'ils soient bien dorés.

Retirer et déposer les morceaux de dinde sur un papier absorbant.

Garder au chaud jusqu'au moment de servir.

Égoutter le jus d'ananas dans une tasse à mesurer et ajouter du bouillon de poulet ou de l'eau jusqu'à l'obtention de 300 ml (1 ¼ tasse) de liquide.

Fondre le beurre dans un grand poêlon, faire sauter l'ail et les oignons, réserver.

Dans le même poêlon, ajouter le jus d'ananas, le sucre et le vinaigre de cidre en brassant jusqu'à ce que le sucre soit fondu; verser la fécule délayée avec l'eau, amener à ébullition; ajouter le ketchup et la sauce soya.

Ajouter les pois mange-tout ou les pois chiches, les morceaux de dinde et d'ananas.

Servir avec du riz.

Ingrédients

45 ml (3 c. à soupe) d'huile d'olive

454 g (1 lb) d'agneau, coupé en cubes

1 oignon, haché

1 ml (¼ c. à thé) de cannelle moulue

1 ml (¼ c. à thé) de cumin

250 ml (1 tasse) de bouillon de poulet ou de légumes

2 pommes de terre douces ou 1 courge musquée (*butternut*), coupées en gros dés

250 ml (1 tasse) de pois chiches en conserve

Zeste et jus d'un citron

4 abricots séchés

4 pruneaux

4 dattes

30 ml (2 c. à soupe) de miel

Sel et poivre au goût

Feuilles de coriandre et paprika, pour décorer

Tajine d'agneau

PRÉPARATION :
15 MINUTES

CUISSON :
45 MINUTES

4 PORTIONS

Préparation

Faire chauffer l'huile, saisir les cubes d'agneau de tous les côtés, ajouter l'oignon, la cannelle, le cumin.

Baisser le feu et poursuivre la cuisson 4 minutes en brassant sans arrêt.

Ajouter le bouillon, couvrir et laisser mijoter 15 minutes; ajouter les pommes de terre douces ou la courge, couvrir et laisser cuire 10 minutes.

Ajouter les pois chiches, le zeste et le jus de citron, les abricots, les pruneaux, les dattes, le miel, le sel et le poivre.

Bien mélanger et poursuivre la cuisson 10 minutes.

Servir accompagné de couscous et décoré de feuilles de coriandre et de paprika.

Côtelettes d'agneau champvallon

PRÉPARATION : 20 MINUTES   CUISSON : ENVIRON 45 MINUTES   4 PORTIONS

Ingrédients

6 côtelettes d'agneau

Beurre et huile en quantité suffisante

Sel et poivre au goût

2 oignons moyens, hachés finement

4 pommes de terre tranchées

Gelée de menthe

375 ml (1 ½ tasse) de bouillon de poulet

Persil, pour décorer

Préparation

Préchauffer le four à 175 °C (350 °F).

Assaisonner les côtelettes et les faire dorer dans un peu de beurre et d'huile.

Sauter les oignons et les pommes de terre dans du beurre et de l'huile.

Dans un plat allant au four, déposer la moitié des pommes de terre et des oignons préalablement sautés, assaisonner.

Placer les côtelettes dessus et badigeonner de gelée de menthe.

Ajouter le reste des légumes, assaisonner et verser le bouillon de poulet.

Cuire au four pendant 45 minutes.

Persiller avant de servir.

Ingrédients

1 gigot d'agneau de 1,8 kg (4 lb)

1 gousse d'ail, hachée

500 ml (2 tasses) d'eau

500 ml (2 tasses) de vin rouge

125 ml (½ tasse) d'oignons, hachés finement

10 ml (2 c. à thé) de sel

5 ml (1 c. à thé) de poivre

15 ml (1 c. à soupe) de gelée de groseille, divisée

Beurre et farine, pour lier

Gigot d'agneau rôti

PRÉPARATION :
15 MINUTES

MARINADE :
24 HEURES

CUISSON :
45 MINUTES

6 PORTIONS

Préparation

Dégraisser le gigot, le frotter avec l'ail.

Le laisser mariner dans le mélange d'eau, de vin rouge, d'oignons, de sel et de poivre pendant 24 heures au réfrigérateur en le retournant de temps à autre.

Préchauffer le four à 175 °C (350 °F).

Égoutter le gigot et réserver la marinade; cuire au four pendant environ 45 minutes.

À la sortie du four, badigeonner le gigot de gelée de groseille et réserver au chaud.

Ajouter la marinade au jus de cuisson, réduire de moitié.

Lier avec un peu de beurre et de farine, ajouter 5 ml (1 c. à thé) de gelée de groseille.

Assaisonner.

Servir le gigot nappé de la sauce préparée.

Pizza maison

Ingrédients

Pâte

60 ml (¼ tasse) d'eau tiède
5 ml (1 c. à thé) de sucre
15 ml (1 c. à soupe) de levure
375 ml (1 ½ tasse) de farine
30 ml (2 c. à soupe) d'huile
5 ml (1 c. à thé) de sel
Farine et huile en quantité suffisante

Sauce

30 ml (2 c. à soupe) d'huile d'olive
1 oignon, haché finement
1 gousse d'ail, hachée
1 boîte de tomates concassées de 398 ml (14 oz)
30 ml (2 c. à soupe) de fécule
15 ml (1 c. à soupe) de pâte de tomate
2 ml (½ c. à thé) d'origan séché
2 ml (½ c. à thé) de basilic séché
5 ml (1 c. à thé) de sucre

Garniture

6 gros champignons, émincés
1 poivron rouge, coupé en julienne
½ petit pepperoni du commerce, en rondelles minces
375 ml (1 ½ tasse) de fromage râpé, trois sortes
     au choix
30 ml (2 c. à soupe) d'huile d'olive

Préparation

Pâte

Dans un bol, placer l'eau tiède, le sucre et la levure; mélanger et laisser reposer 5 minutes.

Verser la moitié de la farine avec l'huile et le sel sur la première préparation en mélangeant délicatement.

Mélanger pendant 10 minutes pour développer le gluten jusqu'à ce que la pâte soit élastique; ajouter le reste de la farine et mélanger jusqu'à ce que la pâte ne colle plus aux parois du bol.

Enfariner une surface, déposer la pâte, former une boule.

Déposer dans un bol huilé et huiler le dessus de la pâte.

Couvrir et laisser lever à la température de la pièce jusqu'à ce que la pâte ait doublé de volume.

Préchauffer le four à 190 °C (375 °F).

Abaisser la pâte, la déposer dans une assiette à pizza de 20,5 cm (8 po) huilée.

Huiler le pourtour de la pâte pour ne pas qu'elle sèche ou brûle en cuisant.

Sauce

Chauffer l'huile dans une casserole, y faire revenir l'oignon et l'ail.

Ajouter tous les autres ingrédients de la sauce et amener à ébullition.

Réduire le feu et laisser mijoter à découvert en remuant de temps à autre jusqu'à ce que la sauce soit épaisse et lisse.

Laisser refroidir.

Garniture

À l'aide d'une cuillère, étaler la sauce uniformément sur la pâte.

Ajouter les champignons, le poivron et le pepperoni tranché mince.

Couronner le tout de fromage râpé.

Arroser d'un filet d'huile d'olive.

Cuire au four 15 à 20 minutes.

Ingrédients

375 ml (1 ½ tasse) de mie de pain fraîche

Lait en quantité suffisante

1 oignon, haché finement

1 gousse d'ail, hachée finement

1 achigan de 1 kg (2 lb)

Sel, poivre et sarriette au goût

1 œuf

15 ml (1 c. à soupe) de beurre fondu

Quartiers de citron persillés, pour garnir

Achigan farci

PRÉPARATION :
20 MINUTES

CUISSON :
10 À 13 MINUTES

4 PORTIONS

Préparation

Préchauffer le four à 175 °C (350 °F).

Détremper le pain dans le lait et le réserver.

Faire revenir l'oignon et l'ail dans le beurre.

Égoutter le pain en le pressant soigneusement.

Assaisonner le pain et l'intérieur et l'extérieur du poisson.

Mélanger le pain avec l'oignon, l'ail, la sarriette, l'œuf et farcir le poisson.

Coudre le ventre du poisson pour le fermer.

Badigeonner une plaque de cuisson de beurre fondu.

Y déposer le poisson et cuire au four pendant 8 minutes.

Arroser le poisson de beurre fondu et continuer la cuisson encore 5 minutes.

Servir chaud avec des quartiers de citron passés dans le persil haché.

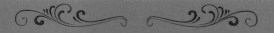

Flétan grillé « santé »

Ingrédients

60 ml (4 c. à soupe) d'huile d'olive, divisée

5 ml (1 c. à thé) de poudre de cari

4 darnes de flétan de 180 g (⅓ lb) chacune

4 tomates, coupées en petits dés

4 gousses d'ail, hachées finement

Quelques feuilles de basilic, hachées finement

Sel et poivre au goût

15 ml (1 c. à soupe) de câpres

4 tranches de citron

375 ml (1 ½ tasse) de roquette ou de mâche

10 ml (2 c. à thé) de vinaigre balsamique

Préparation

Dans un poêlon, faire chauffer 30 ml (2 c. à soupe) d'huile d'olive.

Ajouter la poudre de cari.

Faire dorer les darnes de flétan 2 minutes de chaque côté.

Retirer du poêlon et réserver.

Dans le même poêlon, faire cuire les tomates avec l'ail et le basilic.

Saler et poivrer.

Au moment de dresser les assiettes, verser un peu de préparation aux tomates et déposer les darnes de flétan.

Décorer de quelques câpres et d'une tranche de citron.

Accompagner le tout d'un bouquet de roquette ou de mâche, arroser d'huile d'olive et de vinaigre balsamique.

Ingrédients

125 ml (½ tasse) d'huile d'olive

Zeste et jus d'un citron

2 gousses d'ail, hachées

5 ml (1 c. à thé) de thym

2 graines de coriandre

2 graines de fenouil

Sel et poivre du moulin

675 g (1 ½ lb) de turbot

Courgettes de différentes couleurs

Tomates cerises

Brochettes de turbot marinées aux fines herbes

PRÉPARATION :
10 MINUTES

MARINADE :
1 HEURE

CUISSON :
8 À 12 MINUTES

4 PORTIONS

Préparation

Mélanger l'huile, le zeste et le jus de citron, l'ail, le thym, les graines de coriandre et de fenouil, le sel et le poivre.

Couper les filets de turbot en lanières de 6 cm (2 ½ po) de longueur.

Rouler les lanières et les enfiler sur des brochettes en alternant avec des tranches de courgettes et en alternant les couleurs.

Déposer les brochettes dans la marinade, laisser macérer 1 heure au réfrigérateur en les retournant après 30 minutes.

Préchauffer le barbecue à intensité moyenne, déposer un papier d'aluminium résistant sur la grille, le badigeonner d'huile.

Faire cuire les brochettes environ 3 à 4 minutes de chaque côté en badigeonnant généreusement de marinade.

Vers la fin de la cuisson, insérer une tomate cerise à chaque extrémité des brochettes.

Mot de sœur Angèle : On peut cuire ces brochettes au four à 160°C (325°F) pendant 10 à 12 minutes, les badigeonner de marinade une fois pendant la cuisson.

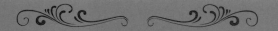

Filets de sole grillés, sauce aux tomates

PRÉPARATION : 15 MINUTES   CUISSON : 8 À 10 MINUTES   4 PORTIONS

Ingrédients

60 ml (¼ tasse) d'huile d'olive

5 ml (1 c. à thé) de thym

1 feuille de laurier

2 échalotes, hachées

6 grosses tomates, pelées, épépinées et hachées ou
   1 boîte de tomates de 454 g (16 oz)

5 ml (1 c. à thé) de sauce Tabasco

15 ml (1 c. à soupe) de concentré de poulet

30 ml (2 c. à soupe) de sirop d'érable

4 filets de sole ou un autre poisson blanc

Sel et poivre au goût

Zeste et jus d'un citron

Préparation

Dans une casserole, faire chauffer l'huile, le thym, la feuille de laurier, les échalotes, les tomates, la sauce Tabasco, le concentré de poulet, le sirop d'érable et le zeste de citron.

Marquer le poisson sur le barbecue, cuire 3 à 4 minutes de chaque côté selon l'épaisseur, badigeonner de jus de citron pendant la cuisson.

Retirer les filets.

Déposer la sauce dans un plat de service et les filets sur le dessus.

Accompagner de pâtes alimentaires de votre choix.

 Mot de sœur Angèle : On peut cuire ce poisson au poêlon 2 à 3 minutes de chaque côté.

Ingrédients

454 g (1 lb) de pâte brisée du commerce (dégelée si surgelée)

4 darnes de saumon (250 g ou ½ lb chacune)

300 ml (1 ¼ tasse) d'eau

1 bouquet garni frais

Jus d'un demi-citron

Sel et poivre au goût

2 tiges de céleri, tranchées mince

2 poivrons rouges, coupés finement

325 ml (1 ⅓ tasse) de petits champignons frais

80 ml (⅓ tasse) de beurre

80 ml (⅓ tasse) de farine

300 ml (1 ¼ tasse) de lait

Cresson, pour décorer

Saumon à la King sur coquilles

PRÉPARATION :
30 MINUTES

CUISSON :
35 MINUTES

4 À 6 PORTIONS

Préparation

Préchauffer le four à 190 °C (375 °F).

Plonger 6 coquilles Saint-Jacques dans l'eau bouillante.

Brosser, éponger ct huiler légèrement l'extérieur des coquilles.

Abaisser la pâte, en couvrir l'extérieur des coquilles, découper le pourtour.

Piquer la surface à plusieurs endroits et réfrigérer pendant 15 minutes.

Mettre les darnes dans un poêlon avec l'eau, le bouquet garni, le jus de citron, le sel et le poivre.

Faire pocher à feu doux pendant 6 à 8 minutes.

Couvrir et laisser refroidir en laissant le saumon dans le liquide. Égoutter et réserver le liquide.

Cuire les coquilles de pâte au four sur une plaque à biscuits pendant 15 minutes.

Enlever la coquille et remettre au four environ 5 minutes.

Dans une casserole, faire cuire le céleri, les poivrons et les champignons au beurre pendant 5 minutes.

Incorporer la farine aux légumes, ajouter graduellement le liquide de cuisson mis de côté et le lait en remuant à feu moyen, jusqu'à ce que la sauce épaississe et commence à bouillir.

Retirer la peau et les arêtes du saumon, briser la chair en morceaux, ajouter à la sauce et laisser chauffer quelques minutes.

Vérifier l'assaisonnement.

Verser la préparation dans les coquilles de pâte, décorer de cresson.

 Mot de sœur Angèle : Ce saumon à la King peut être servi dans des vol-au-vent du commerce.

Saumon à l'érable et aux noisettes

PRÉPARATION : 10 MINUTES   MARINADE : 2 HEURES   CUISSON : 10 À 12 MINUTES   4 PORTIONS

Ingrédients

Marinade

125 ml (½ tasse) de sirop d'érable

30 ml (2 c. à soupe) de vinaigre de cidre

30 ml (2 c. à soupe) de sauce Tamari

15 ml (1 c. à soupe) de gingembre frais

15 ml (1 c. à soupe) de moutarde de Dijon

2 gousses d'ail, hachées

Saumon

125 ml (½ tasse) de noisettes

1 morceau de saumon de 454 g (1 lb)

30 ml (2 c. à soupe) d'huile d'olive

1 botte de cresson, pour garnir

Préparation

Mélanger les ingrédients de la marinade, y déposer le saumon et faire macérer au moins 2 heures.

Déposer les noisettes sur une plaque à pâtisserie et faire griller au four à « broil » jusqu'à ce qu'elles soient légèrement dorées; sortir du four, les laisser refroidir puis les hacher grossièrement. Réserver.

Chauffer l'huile. Égoutter le poisson et le saisir dans l'huile de tous les côtés.

Préchauffer le four à 175 °C (350 °F).

Déposer le saumon côté peau dans une casserole allant au four, le badigeonner de marinade.

Cuire environ 10 minutes à 12 minutes selon l'épaisseur en le badigeonneant de marinade pendant la cuisson.

Dans une casserole, faire réduire la marinade de moitié.

Servir le saumon avec la réduction de marinade, les noisettes grillées et le cresson.

Suprêmes de canard, sauce aux canneberges et au miel (p. 43)

Tajine d'agneau (p. 55)

Brochettes de turbot marinées aux fines herbes (p. 61)

Saumon à l'érable et aux noisettes (p. 64)

Ingrédients

45 ml (3 c. à soupe) d'huile d'olive

15 ml (1 c. à soupe) de vinaigre de vin rouge

5 ml (1 c. à thé) de moutarde forte

2 gousses d'ail, hachées finement

2 tomates italiennes, épépinées et émincées

4 tranches de filet de truite saumonée de 165 g (6 oz)
   chacune

Sel et poivre fraîchement moulu

Truite saumonée, vinaigrette à l'ail

PRÉPARATION :
10 MINUTES

CUISSON :
4 MINUTES

4 PORTIONS

Préparation

Mélanger l'huile d'olive, le vinaigre de vin, la moutarde, l'ail et les tranches de tomates et réserver.

Assaisonner la truite et la faire cuire à feu moyen environ 2 minutes de chaque côté au barbecue préchauffé ou au poêlon.

Servir avec la vinaigrette à l'ail, des pommes de terre grelots et des poireaux cuits à la vapeur.

Filets de maquereau marinés au miel et au cidre de pomme

PRÉPARATION : 15 MINUTES   MARINADE : 20 MINUTES   CUISSON : 4 À 5 MINUTES   4 PORTIONS

Ingrédients

Marinade

45 ml (3 c. à soupe) d'huile

45 ml (3 c. à soupe) de miel

1 gousse d'ail, hachée

1 branche de thym frais

60 ml (¼ tasse) de cidre de pomme

Maquereau

454 g (1 lb) de filets de maquereau

30 ml (2 c. à soupe) d'huile

30 ml (2 c. à soupe) de beurre

Sel, poivre et muscade au goût

125 ml (½ tasse) de crème 35 %

60 g (2 oz) de fromage râpé

Paprika au goût

Préparation

Dans un plat, mélanger tous les ingrédients de la marinade, y déposer les filets de maquereau, laisser mariner 20 minutes.

Retirer les filets, les éponger avec un essuie-tout.

Chauffer le barbecue à intensité moyenne, déposer un papier d'aluminium résistant sur la grille, le huiler et le beurrer.

Étendre les filets de maquereau sur le papier d'aluminium et cuire 4 à 5 minutes côté peau.

Dans un petit poêlon, verser la marinade et réduire au tiers; ajouter le sel, le poivre, la muscade et la crème; saupoudrer de fromage râpé et de paprika.

Continuer la cuisson jusqu'à ce que le fromage soit coulant.

Mot de sœur Angèle : On peut cuire ce poisson au poêlon 3 à 4 minutes de chaque côté.

Ingrédients

1 morue entière, séchée, coupée en morceaux (bacala)

125 ml (½ tasse) d'huile d'olive

10 filets d'anchois

30 ml (2 c. à soupe) de pignons de pin

4 gousses d'ail, hachées

60 ml (¼ tasse) de cèpes séchés (ou autres champignons au choix) trempés dans l'eau

30 ml (2 c. à soupe) de concentré de tomate

30 ml (2 c. à soupe) de bouillon de poulet

15 ml (1 c. à soupe) de pesto

30 ml (2 c. à soupe) de persil, haché

Vin blanc en quantité suffisante

Morue séchée de ma mère

PRÉPARATION :
15 MINUTES

CUISSON :
2 HEURES 40 MINUTES

6 PORTIONS

Préparation

Faire tremper les morceaux de morue dans l'eau pendant 2 jours en renouvelant l'eau chaque jour (garder au réfrigérateur).

Au terme de ce trempage, faire cuire la morue dans de l'eau claire pendant 1 heure.

Verser l'huile dans une casserole, y faire revenir doucement les anchois, les pignons de pin, l'ail, les cèpes égouttés; mouiller avec l'eau de trempage des champignons, ajouter le concentré de tomate et le pesto.

Laisser cuire 1 heure à feu très doux jusqu'à l'obtention d'une sauce épaisse et savoureuse.

Égoutter la morue et retirer les arêtes, placer une partie des morceaux de morue dans une casserole, verser une couche de sauce et poursuivre en alternant une couche de poisson, puis une couche de sauce, jusqu'à épuisement des ingrédients.

Faire cuire encore 40 minutes en mouillant avec le bouillon.

Décorer de persil, accompagner de radicchio et de pain à l'ail.

Éperlans frits

Ingrédients

1 kg (2 lb) d'éperlans

Jus d'un citron

2 œufs

60 ml (4 c. à soupe) d'huile

Farine et chapelure en quantité suffisante

Huile en quantité suffisante

Sauce tartare

Quartiers de citron, pour garnir

Préparation

Vider et laver les éperlans, bien les éponger et les arroser de jus de citron.

Battre les œufs et les mélanger avec l'huile.

Tremper successivement les éperlans dans la farine, dans le mélange d'œufs et dans la chapelure.

Placer dans la friteuse à 180 °C (350 °F) pendant 2 à 3 minutes jusqu'à ce que les éperlans soient bien dorés.

Servir immédiatement, accompagner de sauce tartare et de quartiers de citron.

Sauce tartare

Ingrédients

30 ml (2 c. à soupe) de farine

2,5 ml (½ c. à thé) de sel

250 ml (1 tasse) de lait

30 ml (2 c. à soupe) de beurre

250 ml (1 tasse) de mayonnaise

30 ml (2 c. à soupe) de chacun : cornichons, olives, échalotes et persil, tous hachés

30 ml (2 c. à soupe) de câpres

30 ml (2 c. à soupe) de jus de citron

Préparation

Mélanger le farine et le sel, délayer avec 60 ml (¼ tasse) de lait.

Chauffer le reste de lait dans une casserole, ajouter la farine délayée; poursuivre la cuisson à feu doux en brassant, laisser mijoter 3 minutes.

Ajouter le beurre et laisser refroidir.

Mélanger la mayonnaise, la sauce refroidie et tous les autres ingrédients.

Servir avec le poisson.

Mot de sœur Angèle : Les éperlans frits ne se congèlent pas après la cuisson, pour les réchauffer, les plonger dans l'huile très chaude.

Ingrédients

Huile en quantité suffisante

1 homard

60 ml (¼ tasse) de beurre

60 ml (¼ tasse) de vin blanc

5 ml (1 c. à thé) de moutarde

1 gousse d'ail, hachée

15 ml (1 c. à soupe) de livèche

Sel et poivre au goût

Tranches de citron, pour décorer

Homard grillé

PRÉPARATION :
10 MINUTES

CUISSON :
6 À 7 MINUTES

1 PORTION

Préparation

Chauffer le barbecue à intensité moyenne; placer un papier d'aluminium résistant sur la grille et le badigeonner avec de l'huile.

Séparer le homard en deux dans le sens de la longueur; retirer la veine intestinale et enlever la pâte verte et le corail.

Badigeonner généreusement le homard avec la marinade (beurre, vin blanc, moutarde, l'ail, livèche, sel et poivre).

Déposer le homard sur le papier d'aluminium; griller pendant 6 à 7 minutes, selon la grosseur du homard.

Badigeonner de marinade quelques fois pendant la cuisson.

Présenter avec des tranches de citron et des légumes grillés au miel.

 Mot de sœur Angèle : On pourrait faire griller le homard dans un four très chaud.

Homard thermidor

PRÉPARATION : 10 MINUTES　　　　CUISSON : 15 MINUTES　　　　4 PORTIONS

Ingrédients

45 ml (3 c. à soupe) de beurre

1 petit oignon, haché finement

5 à 6 champignons, hachés

45 ml (3 c. à soupe) de farine

Sel et poivre au goût

5 ml (1 c. à thé) de paprika

125 ml (½ tasse) de crème champêtre

125 ml (½ tasse) de bouillon de poulet

30 ml (2 c. à soupe) de xérès (*sherry*)

500 ml (2 tasses) de homard cuit

60 ml (¼ tasse) de chacun : chapelure de
　　biscuits soda et fromage gruyère râpé

Préparation

Sauter au beurre l'oignon et les champignons.

Ajouter la farine et les assaisonnements.

Cuire à feu doux 5 à 6 minutes.

Ajouter la crème et le bouillon de poulet ;
laisser mijoter 5 minutes.

Ajouter le vin et le homard.

Verser cette préparation dans un plat beurré
qui va au four.

Saupoudrer d'une chapelure de biscuits soda
et de fromage gruyère.

Passer dans un four chaud 5 minutes.

Ingrédients

4 homards cuits de 454 g (1 lb) chacun

45 ml (3 c. à soupe) de beurre

45 ml (3 c. à soupe) de farine tout usage

500 ml (2 tasses) de lait

125 ml (½ tasse) de crème 15%

Sel et poivre au goût

10 ml (2 c. à thé) de moutarde de Dijon

284 g (10 oz) d'épinards

250 ml (1 tasse) de fromage râpé

Zeste et jus d'un citron

Basilic, pour décorer

Homard à la florentine

PRÉPARATION :
25 MINUTES

CUISSON :
10 MINUTES

4 À 6 PORTIONS

Préparation

Couper les pinces des homards et réserver.

Couper les homards en deux le long du dos; retirer les veines intestinales et la pâte verte.

Retirer la chair de la tête et de la queue, réserver les carapaces.

Fendre les pinces en deux et en retirer la chair.

Faire une béchamel avec le beurre mêlé à la farine, ajouter au lait préalablement chauffé et à la crème en brassant jusqu'à épaississement.

Saler et poivrer, ajouter la moutarde et bien mêler.

Ajouter les épinards préalablement passés à l'eau bouillante, parfaitement égouttés et hachés.

Ajouter la moitié du fromage et la chair de homard.

Incorporer le zeste et le jus de citron.

Déposer les huit carapaces sur une plaque au four, y verser la sauce, saupoudrer du fromage restant et faire gratiner au four.

Décorer de basilic et servir.

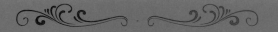

Huîtres servies sur écailles, sauce épicée

Ingrédients

1 gros oignon, râpé

60 ml (¼ tasse) de sucre

2,5 ml (½ c. à thé) de sel

2,5 ml (½ c. à thé) de moutarde sèche

5 ml (1 c. à thé) de sauce Worcestershire

125 ml (½ tasse) de vinaigre

125 ml (½ tasse) d'huile à salade

125 ml (½ tasse) de ketchup

24 à 36 huîtres

Quartiers de citron, pour garnir

Préparation

Mélanger tous les ingrédients sauf les huîtres et le citron dans un bol, agiter vigoureusement et conserver au froid.

Ouvrir les huîtres et servir dans l'écaille ouverte (compter 6 huîtres par personne).

Servir les huîtres sur une couche de glace pilée dans un plat peu profond.

Garnir de quartiers de citron.

Servir avec des petits canapés, des olives et des bâtonnets de céleri; présenter les légumes en alternant les couleurs dans une grande assiette.

Déposer la sauce épicée au centre de l'assiette.

Ingrédients

125 ml (½ tasse) de farine

Sel et poivre au goût

454 g (1 lb) de pétoncles

90 ml (6 c. à soupe) de beurre

375 ml (1 ½ tasse) d'amandes effilées

45 ml (3 c. à soupe) de vin blanc sec

Préparation

Mélanger la farine, le sel et le poivre.

Fariner légèrement les pétoncles de ce mélange.

Faire dorer les pétoncles dans le beurre chaud couleur noisette, les retirer du poêlon et les garder au chaud.

Si nécessaire, ajouter un peu de beurre dans le poêlon avant de griller les amandes.

Ajouter le vin, remuer et verser sur les pétoncles.

Accompagner de haricots verts et de pommes de terre mousseline.

Pétoncles et leur corail au vin blanc sec

PRÉPARATION :
10 MINUTES

CUISSON :
3 À 4 MINUTES

4 PORTIONS

Chaudrée de palourdes

Ingrédients

80 ml (⅓ tasse) de beurre

1 oignon, haché finement

2 carottes moyennes pelées et coupées en dés

2 tiges de céleri, hachées finement

2 pommes de terre moyennes, pelées et coupées en dés

1 boîte de tomates concassées de 425 ml (14 oz)

625 ml (2 ½ tasses) de bouillon de légumes ou de poisson

5 ml (1 c. à thé) de thym frais, haché

280 g (10 oz) de palourdes en conserve

Sel et poivre au goût

Préparation

Faire fondre le beurre dans une casserole, ajouter l'oignon, les carottes, le céleri, les pommes de terre, les tomates, le bouillon.

Porter à ébullition, couvrir et laisser mijoter 15 minutes.

Ajouter le thym, les palourdes, le sel et le poivre, laisser mijoter 5 minutes.

Servir chaud avec des craquelins.

Ingrédients

24 langoustines

30 ml (2 c. à soupe) d'huile d'olive

4 ml (¾ c. à thé) de sel

45 ml (3 c. à soupe) de beurre

60 ml (¼ tasse) d'ail haché

125 ml (½ tasse) de persil haché

125 ml (½ tasse) de riz basmati

Eau et sel en quantité suffisante

Quartiers de citron, pour garnir

Langoustines au beurre à l'ail

PRÉPARATION :
15 MINUTES

CUISSON POUR LE RIZ :
20 MINUTES

4 PORTIONS

Préparation

Retirer la carapace des langoustines.

Faire chauffer l'huile dans un poêlon, y faire revenir les langoustines pendant 3 à 4 minutes, puis saler et réserver.

Faire chauffer le beurre et ajouter l'ail au beurre mousseux.

Laisser cuire pendant 2 minutes sans laisser colorer l'ail.

Ajouter le persil à ce beurre juste avant de servir.

Faire cuire le riz dans l'eau bouillante salée.

Disposer les langoustines dans un plat de service et les arroser avec le beurre à l'ail.

Garnir de quartiers de citron et servir avec le riz cuit.

Accompagnements

(*La nature est généreuse,*
il faut savoir en profiter.)

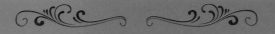

Fèves de Lima à l'italienne

Ingrédients

80 ml (⅓ tasse) de pâte de tomates

160 ml (⅔ tasse) d'eau

1 poivron, haché grossièrement

1 oignon, haché finement

660 ml (2 ⅔ tasses) de fèves de Lima

5 ml (1 c. à thé) de basilic

30 ml (2 c. à soupe) de ketchup aux fruits

Sel et poivre au goût

160 ml (⅔ tasse) de mozarella, râpée

Préparation

Dans une casserole, délayer la pâte de tomates avec l'eau.

Ajouter le poivron et l'oignon, laisser mijoter quelques minutes.

Incorporer tous les autres ingrédients sauf le fromage.

Cuire à feu doux environ 10 à 15 minutes.

Ajouter le fromage râpé quelques minutes avant de servir.

Ingrédients

Sauce aux tomates

1 oignon, émincé

1 gousse d'ail, hachée

60 ml (¼ tasse) d'huile d'olive

1 l (4 tasses) de tomates pelées, épépinées et concassées

1 feuille de basilic

Sel et poivre au goût

Roulades

1 ou 2 aubergines (900 g ou 2 lb)

Sel en quantité suffisante

125 ml (½ tasse) d'huile d'olive

125 ml (½ tasse) de parmesan râpé

6 feuilles de basilic

350 g (¾ lb) de mozzarella en tranches

45 ml (3 c. à soupe) dc chapelure

Préparation

Préchauffer le four à 175 °C (350 °F).

Dans un poêlon, faire blondir l'oignon et l'ail dans l'huile.

Ajouter les tomates et la feuille de basilic; saler et poivrer.

Cuire à couvert pendant 20 minutes, passer au tamis et réserver.

Trancher les aubergines dans le sens de la longueur.

Aubergines à la sicilienne

PRÉPARATION :
20 MINUTES

REPOS :
10 MINUTES

CUISSON :
35 MINUTES

4 PORTIONS

Saupoudrer de sel et laisser reposer 10 minutes.

Bien éponger les tranches d'aubergines, les badigeonner d'huile et les faire griller dans un poêlon ou au barbecue en les retournant 1 fois pendant la cuisson. Retircr.

Placer la moitié de la sauce aux tomates dans un plat à gratiner préalablement huilé.

Rouler les tranches d'aubergines et les déposer sur la sauce.

Ajouter le parmesan, les feuilles de basilic et la moitié des tranches de mozzarella.

Ajouter le reste de la sauce aux tomates, la chapelure et les autres tranches de mozarella.

Cuire au four pendant 12 à 15 minutes.

Servir.

Betteraves à la poitevine

Ingrédients

4 betteraves moyennes

30 ml (2 c. à soupe) d'eau

30 ml (2 c. à soupe) de vinaigre

60 ml (¼ tasse) de miel

30 ml (2 c. à soupe) de beurre

Sel et poivre au goût

Préparation

Cuire les betteraves à l'eau bouillante.

Lorsque cuites, les peler, les trancher et les assai-sonner; réserver.

Dans un bol, mélanger le vinaigre, le miel, le beurre, le sel et le poivre.

Ajouter les betteraves et laisser mijoter 10 minutes.

Servir.

Mot de sœur Angèle : Pour vérifier la cuisson des betteraves, gratter la pelure; si elle se détache facilement, les betteraves sont cuites. Ne jamais les piquer pour vérifier la cuisson. Ces betteraves sont excellentes avec un rôti de porc ou du ragoût de pattes.

Ingrédients

1 kg (2 lb) d'asperges

Eau bouillante en quantité suffisante

Sel en quantité suffisante

250 ml (1 tasse) de sauce hollandaise

Préparation

Couper les asperges à 5 cm (2 po) du pied pour enlever les parties ligneuses.

Peler les tiges de la tête vers le pied si nécessaire.

Attacher les asperges en 1 botte.

Faire cuire à l'eau bouillante salée, dans une casserole étroite et profonde de façon que les têtes ne touchent pas à l'eau.

Couvrir afin que les têtes d'asperges cuisent à la vapeur.

Retirer les asperges de l'eau lorsqu'elles sont encore un peu croquantes.

Servir avec la sauce hollandaise.

Asperges sauce hollandaise

PRÉPARATION :
5 MINUTES

CUISSON :
5 MINUTES

4 PORTIONS

Sauce hollandaise

Ingrédients

125 ml (½ tasse) de beurre

3 jaunes d'œufs

30 ml (2 c. à soupe) de jus de citron

1 pincée de poivre de cayenne

Sel au goût

Préparation

Faire fondre le beurre sans le laisser colorer.

Battre les jaunes d'œufs avec le jus de citron, le poivre de cayenne et le sel à pleine vitesse au mélangeur, jusqu'à l'obtention d'une crème épaisse.

Ajouter le beurre chaud à cette préparation et battre à grande vitesse quelques secondes.

Garder au chaud au bain-marie jusqu'au moment de servir.

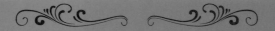

Muffins au maïs et au persil

Ingrédients

250 ml (1 tasse) de farine de maïs

250 ml (1 tasse) de farine de blé entier

15 ml (1 c. à soupe) de poudre d'oignon

20 ml (4 c. à thé) de poudre à pâte

1 pincée de sel

30 ml (2 c. à soupe) de persil haché

250 ml (1 tasse) de maïs en grains

300 ml (1 ¼ tasse) de lait

1 œuf battu

30 ml (2 c. à soupe) de beurre fondu

Préparation

Préchauffer le four à 220 °C (425 °F).

Tamiser ensemble les ingrédients secs, ajouter le persil haché et le maïs.

Dans un bol, mélanger le lait, l'œuf battu et le beurre fondu ; puis ajouter au mélange d'ingrédients secs.

Battre la pâte pour obtenir une texture lisse.

Remplir aux trois quarts des moules à muffins beurrés.

Cuire au four pendant 20 minutes.

Servir chauds.

Ingrédients

2 pommes de terre moyennes de chacune : jaunes, mauves, blanches et patates sucrées, tranchées mince

2 gousses d'ail, coupées en deux

Beurre et huile

250 ml (1 tasse) de crème à cuisson 15 %

500 ml (2 tasses) de lait

15 ml (1 c. à soupe) d'estragon

2 courgettes jaunes et vertes, tranchées dans le sens de la longueur

2 oignons, tranchés et sautés

6 tranches minces de bocconcini

250 ml (1 tasse) de fromage râpé de votre choix

Sel et poivre

Gratin de millefeuille de pommes de terre tricolore

PRÉPARATION :
20 MINUTES

CUISSON :
1 HEURE 15 MINUTES ENVIRON

4 À 6 PORTIONS

Préparation

Préchauffer le four à 175 °C (350 °F).

Trancher les pommes de terre en fines rondelles.

Déposer les tranches de pommes de terre dans un bol d'eau froide pour éliminer le surplus d'amidon; égoutter et assécher.

Couper une gousse d'ail en deux et frotter l'intérieur d'un plat à gratin avec la surface de la gousse; hacher finement l'autre gousse d'ail.

Beurrer le plat généreusement. Dans un bol, mélanger la crème, le lait et l'estragon.

Tapisser les parois du plat de courgettes de différentes couleurs.

Couvrir le fond du plat d'une couche de tranches de pommes de terre.

Parsemer les pommes de terre de quelques noisettes de beurre, de rondelles d'oignon sautées avec l'ail, saler et poivrer.

Étendre les tranches de bocconcini et la moitié du fromage râpé, verser une partie du mélange de crème et de lait par-dessus, continuer à remplir le plat en procédant par couches successives en terminant par la crème et le reste du fromage râpé.

Couvrir le plat d'un couvercle ou d'un papier d'aluminium et le placer au four. Faire cuire 45 minutes.

Le gratin est prêt lorsque les pommes de terre sont très fondantes et que le dessus est bien doré.

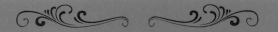

Tarte Tatin aux endives caramélisées

PRÉPARATION : 20 MINUTES   CUISSON : 20 MINUTES   8 PORTIONS

Ingrédients

45 ml (3 c. à soupe) de beurre

45 ml (3 c. à soupe) de miel

45 ml (3 c. à soupe) de jus de citron

5 endives, coupées en deux dans le sens de la longueur

1 gros oignon espagnol (blanc), tranché en quartiers

60 ml (4 c. à soupe) de vin blanc

1 branche d'estragon

Fleurs d'ail

Sel et poivre au goût

300 g (10 oz) de pâte feuilletée (congelée) du commerce

Coulis au fromage « Le Sœur Angèle »

Préparation

Préchauffer le four à 175 °C (350 °F).

Faire caraméliser, dans un poêlon qui va au four, le beurre et le miel; ajouter le jus de citron et réserver.

Sur le caramel, déposer les endives en alternant avec les quartiers d'oignons, arroser de vin blanc, parsemer de feuilles d'estragon et de fleurs d'ail.

Saler et poivrer.

Étendre la pâte feuilletée à la grandeur du poêlon, faire de petites incisions sur la pâte et la déposer sur la préparation d'endives et d'oignons.

Cuire au four pendant 20 minutes, jusqu'à coloration de la pâte.

Retirer du four, laisser reposer quelques minutes avant de retourner la tarte dans une grande assiette de service.

Couper en 8 pointes et servir avec un coulis au fromage (voir page 85).

Ingrédients

15 ml (1 c. à soupe) de beurre

3 échalotes françaises, hachées finement

125 ml (½ tasse) de vin blanc

10 ml (2 c. à thé) de fécule de maïs

250 ml (1 tasse) de crème à cuisson 15 %

1 petite meule de fromage « Le Sœur Angèle »
    coupé en cubes (environ 250 ml ou 1 tasse)

5 ml (1 c. à thé) de baies roses

Coulis au fromage « Le Sœur Angèle »

PRÉPARATION :
20 MINUTES

CUISSON :
20 À 25 MINUTES

8 PORTIONS

Préparation

Faire chauffer le beurre, faire revenir les échalotes françaises sans les colorer, verser le vin blanc et faire réduire les échalotes presque à sec.

Ajouter la fécule délayée dans la crème et amener à ébullition.

Retirer du feu, ajouter le fromage, mélanger pour que le tout devienne homogène.

Ajouter les baies roses, passer le tout au mélangeur et couler.

Dans une assiette de service, verser le coulis et déposer la tarte Tatin caramélisée aux endives (voir page 84) et accompagner d'une salade de votre choix.

Terrine de légumes grillés

Ingrédients

2 poivrons rouges, coupés en quatre

2 poivrons jaunes, coupés en quatre

1 grosse aubergine, coupée en tranches
    dans le sens de la longueur

90 ml (6 c. à soupe) d'huile d'olive

2 courgettes, coupées en tranches
    dans le sens de la longueur

1 gros oignon rouge

60 ml (¼ tasse) de raisins secs

15 ml (1 c. à soupe) de concentré de tomate

15 ml (1 c. à soupe) de vinaigre de vin rouge

250 ml (1 tasse) de jus de tomate

15 ml (1 c. à soupe) de gélatine

Basilic, pour garnir

Vinaigrette

60 ml (¼ tasse) d'huile d'olive

30 ml (2 c. à soupe) de vin rouge

Sel et poivre du moulin

Préparation

Préchauffer le four à « broil ».

Glisser les poivrons sous le grill très chaud, la peau tournée vers le haut, les laisser jusqu'à ce que la peau noircisse. Enlever la peau et mettre les poivrons dans le saladier, couvrir.

Disposer les tranches d'aubergine et de courgettes sur des plaques à pâtisserie, badigeonner d'huile et passer sous le grill.

Avec ce qui reste de gras, faire cuire l'oignon, les raisins secs, le concentré de tomate et le vinaigre de vin rouge.

Tapisser une terrine contenant 1,50 l (6 tasses) d'une pellicule plastique.

Verser la moitié du jus de tomate sur la gélatine, dissoudre à feu doux.

Couvrir le fond de la terrine de poivrons rouges, arroser d'un peu de jus de tomate à la gélatine, ajouter successivement les couches d'aubergine, de courgettes, de poivrons jaunes et la préparation à l'oignon.

Verser un peu de jus de tomate à la gélatine entre les couches de légumes et terminer par du poivron rouge. Verser le reste du jus de tomate.

Presser, couvrir et déposer au réfrigérateur toute une nuit.

Démouler, retirer la pellicule plastique.

Avant de servir, mélanger tous les ingrédients de la vinaigrette dans un pot avec couvercle et agiter.

Servir la terrine froide arrosée de vinaigrette.

Ingrédients

500 g (1 lb) de champignons de Paris

Farine en quantité suffisante

45 ml (3 c. à soupe) de beurre

15 ml (1 c. à soupe) d'huile

Sel et paprika

160 ml (⅔ tasse) de crème 15 % ou de lait

Poivre du moulin

Préparation

Nettoyer les champignons, les couper en quatre.

Enrober les champignons de farine.

Dans un poêlon, chauffer le beurre et l'huile; lorsque bien chauds, ajouter les champignons et les cuire rapidement.

Saupoudrer légèrement les champignons de sel et de paprika.

Faire sauter en remuant de temps à autre.

Ajouter la crème ou le lait et porter au point d'ébullition.

Ajouter le poivre du moulin et servir sur du pain grillé ou des bagels.

Champignons à la crème

PRÉPARATION :
5 MINUTES

CUISSON :
6 MINUTES

4 PORTIONS

Mot de sœur Angèle :
Ne pas cuire les champignons à feu doux ou trop longtemps pour éviter qu'ils deviennent caoutchouteux. Les champignons à la crème accompagnent très bien la volaille et le poisson.

Sauce astoria

PRÉPARATION : 10 MINUTES

RENDEMENT : ENVIRON 125 ML (1/2 TASSE)

Ingrédients

60 ml (¼ tasse) de mayonnaise

30 ml (2 c. à soupe) de ketchup

½ piment vert, haché finement

3 gouttes de sauce Tabasco

15 ml (1 c. à soupe) de vinaigre de vin blanc

30 ml (2 c. à soupe) d'huile d'olive

2 ml (½ c. à thé) de sel

1 ml (¼ c. à thé) de sucre

Préparation

Placer tous les ingrédients dans un bocal et mélanger.

Agiter vigoureusement au moment de servir.

 Mot de sœur Angèle : Cette sauce parfume très bien les salades.

Ingrédients

1 ml (¼ c. à thé) de
  moutarde de Dijon

2 ml (½ c. à thé) de sel

1 pincée de poivre

1 ml (¼ c. à thé) de
  paprika

1 jaune d'œuf

30 ml (2 c. à soupe) de jus
  de citron ou de vinaigre

250 ml (1 tasse) d'huile
  à salade

Mayonnaise

PRÉPARATION :
10 MINUTES

RENDEMENT :
250 ML (1 TASSE)

Préparation

Dans un bol, mélanger la moutarde, le sel, le poivre et
le paprika.

Ajouter le jaune d'œuf et bien mélanger.

Incorporer 15 ml (1 c. à soupe) de jus de citron ou
de vinaigre.

Ajouter l'huile en fouettant constamment quelques gouttes
à la fois au début et de plus en plus rapidement à mesure
que le mélange s'épaissit.

Ajouter le reste de jus de citron ou de vinaigre.

*Mot de sœur Angèle : On peut
doubler les quantités de cette
recette. Cette sauce sert de base
à celles qui suivent.*

À la russe

Incorporer à la mayonnaise 125 ml (½ tasse) de sauce chili
et 15 ml (1 c. à soupe) de jus de citron.

Aux canneberges

Incorporer à la mayonnaise 80 ml (⅓ tasse) de jus de
canneberges et une pincée de sel. Réfrigérer. Au moment
de servir, ajouter 30 ml (2 c. à soupe) d'amandes grillées
et concassées.

Au fromage bleu

Incorporer à la mayonnaise 115 g (¼ tasse) de fromage à
la crème et 125 ml (½ tasse) de fromage bleu émietté, et
125 ml (½ tasse) de crème légère et 15 ml (1 c. à soupe)
de jus de citron. Mettre au froid jusqu'au moment de servir.

Aux herbes

Incorporer à la mayonnaise 30 ml (2 c. à soupe) de jus de
citron, 80 ml (⅓ tasse) d'oignon haché, 10 ml (2 c. à thé)
de zeste de citron, une gousse d'ail hachée très finement,
10 ml (2 c. à thé) de sauce Worcestershire et 10 ml (2 c. à thé)
d'herbes aromatiques mélangées et séchées. Mettre au froid
jusqu'au moment de servir.

Des Mille-Îles

Incorporer à la mayonnaise 60 ml (¼ tasse) de sauce chili,
30 ml (2 c. à soupe) de piment vert haché, un œuf cuit dur haché
et 30 ml (2 c. à soupe) d'olives farcies, hachées finement. Mettre
au froid jusqu'au moment de servir.

Confiture de tomates à l'orange

PRÉPARATION : 5 MINUTES   **CUISSON : 12 MINUTES**   **RENDEMENT : 750 ML (3 TASSES)**

Ingrédients

45 ml (3 c. à soupe) d'huile d'olive

4 grosses tomates, mondées, épépinées et
   coupées en morceaux

175 ml (¾ tasse) de vin blanc

125 ml (½ tasse) de cassonade

2 gousses d'ail, hachées

Zeste et jus d'une orange

Basilic frais, haché, au goût

Sel et poivre au goût

Préparation

Dans une casserole, faire chauffer l'huile, ajouter les tomates, laisser mijoter 2 minutes.

Ajouter le vin, la cassonade, l'ail, le zeste et le jus d'orange, le sel et le poivre.

Laisser mijoter 5 à 10 minutes, ajouter le basilic.

Mot de sœur Angèle : Cette confiture accompagne bien le porc et les viandes froides.

Ingrédients

1,5 l (6 tasses) de haricots jaunes, coupés en tronçons
de 2,5 cm (1 po)

Eau, pour couvrir

15 ml (1 c. à soupe) de sel

375 ml (1 ½ tasse) de cassonade

560 ml (2 ¼ tasses) de vinaigre

80 ml (⅓ tasse) de moutarde sèche

80 ml (⅓ tasse) de farine

30 ml (2 c. à soupe) de curcuma

15 ml (1 c. à soupe) de graines de céleri

40 ml (2 ½ c. à soupe) d'eau froide

Poivre au goût

Haricots jaunes à la moutarde et au curcuma

PRÉPARATION :
20 MINUTES

CUISSON :
20 MINUTES

RENDEMENT :
1,5 L (6 TASSES)

Préparation

Cuire les haricots dans l'eau bouillante salée, bien égoutter.

Dans un chaudron, mettre la cassonade et le vinaigre, puis amener à ébullition.

Dans un bol, mélanger la moutarde sèche, la farine, le curcuma, les graines de céleri et l'eau froide.

Verser ce mélange dans le vinaigre bouillant en remuant constamment.

Cuire jusqu'à épaississement (environ 20 minutes).

Ajouter les haricots jaunes et bien mêler, poivrer au goût.

Déposer dans des pots stérilisés et conserver dans un endroit frais et sec à la noirceur.

Relish aux canneberges

Ingrédients

1 kg (2 lb) de canneberges fraîches

500 ml (2 tasses) de pommes, coupées en dés

250 ml (1 tasse) de poires, coupées en dés

250 ml (1 tasse) de raisins Sultana dorés

250 ml (1 tasse) de jus d'orange frais

15 ml (1 c. à soupe) de zeste d'orange

15 ml (1 c. à soupe) de cannelle

2 ml (½ c. à thé) de muscade

Liqueur d'orange ou Grand Marnier

Préparation

Mélanger tous les ingrédients, sauf la liqueur ou le Grand Marnier.

Amener à ébullition.

Laisser mijoter doucement, à couvert, pendant 40 minutes.

Retirer du feu et laisser reposer le mélange pendant quelques minutes.

Incorporer la liqueur d'orange ou le Grand Marnier.

Couvrir et réfrigérer jusqu'au moment de servir.

Mini-boucles à la sauce aux aubergines et aux tomates *(p. 109)*

Gratin de millefeuille de pommes de terre tricolore (p. 83)

Muffins au maïs et au persil (p. 82)

Salade tiède de poulet et de légumes grillés (p. 120)

Ingrédients

12 tomates

4 pêches

4 poires

4 pommes, pelées

2 oignons

3 branches de céleri

15 ml (1 c. à soupe) de sel

500 ml (2 tasses) de cassonade

375 ml (1 ½ tasse) de vinaigre ou de cidre de pomme

30 ml (2 c. à soupe) d'épices à marinade

1 anis étoilé

Préparation

Blanchir les tomates et les pêches, les peler et les couper en morceaux.

Couper les poires, les pommes, les oignons et le céleri en petits dés.

Placer les fruits et les légumes dans un chaudron.

Ajouter le sel, la cassonade, le vinaigre et la mousseline contenant les épices.

Cuire à feu doux en brassant de temps en temps, pendant 60 à 90 minutes.

Déposer dans des bocaux stérilisés.

Fermer hermétiquement, vérifier l'étanchéité et entreposer à la noirceur.

Ketchup aux fruits

PRÉPARATION :
25 MINUTES

CUISSON :
1 HEURE 30 MINUTES

RENDEMENT :
1,5 L (6 TASSES) OU 8 POTS DE 160 G (2/3 TASSE)

Mot de sœur Angèle :
les épices et l'anis doivent être placés dans un sachet de mousseline bien ficelé.

Confiture de poivrons

Ingrédients

12 poivrons rouges ou jaunes

15 ml (1 c. à soupe) de gros sel

375 ml (1 ½ tasse) de vinaigre

Zeste et jus d'un citron

750 ml (3 tasses) de sucre

Préparation

Dans un bol, déposer les poivrons hachés au robot culinaire ou au hache-viande, couvrir de gros sel, laisser reposer 3 à 4 heures.

Bien égoutter.

Déposer, dans une casserole, les poivrons, le vinaigre, le zeste et le jus de citron.

Faire cuire 3 minutes à feu lent, ajouter le sucre.

Cuire à feu doux environ 1 heure, jusqu'à ce que le mélange prenne une texture de marmelade.

Remuer quelques fois durant la cuisson.

Verser dans des pots stérilisés, fermer hermétiquement.

Conserver dans un endroit frais et sec à la noirceur.

 Mot de sœur Angèle : Cette confiture accompagne très bien le porc et le veau.

Ingrédients

9 épis de maïs

2 oignons, hachés

1 piment vert, haché

625 ml (2 ½ tasses) de vinaigre

2 ml (½ c. à thé) de sel

15 ml (1 c. à soupe) de moutarde sèche

375 ml (1 ½ tasse) de sucre

125 ml (½ tasse) de farine

10 ml (2 c. à thé) de curcuma

2 ml (½ c. à thé) de poivre

Relish de maïs

PRÉPARATION :
20 MINUTES

CUISSON :
45 MINUTES

RENDEMENT :
7 POTS DE 225 G (8 OZ)

Préparation

Cuire les épis de maïs, les égrener et placer les grains dans un chaudron.

Ajouter les oignons hachés et le piment vert, ajouter 375 ml (1 ½ tasse) de vinaigre et faire bouillir 15 minutes à partir du moment où le mélange arrive à ébullition.

Dans un autre chaudron, mélanger le sel, la moutarde, le sucre, la farine, le curcuma et le poivre; ajouter graduellement le reste du vinaigre et faire cuire pendant 10 minutes en brassant pour que la préparation ne colle pas au fond (on peut faire cette opération au bain-marie).

Ajouter aux légumes et cuire encore 10 minutes en brassant bien jusqu'à ce que tout soit bien mélangé.

Verser dans des pots stérilisés, sceller et conserver dans un endroit frais et sec.

 Mot de sœur Angèle : Le mélange de vinaigre peut être préparé au bain-marie pour s'assurer qu'il ne colle pas au fond du chaudron. Cette relish aigre-douce est excellente avec le jambon et le porc.

Relish des Indes

PRÉPARATION : 15 MINUTES   CUISSON : 35 MINUTES   RENDEMENT : 8 POTS DE 225 G (8 OZ)

Ingrédients

1,4 kg (3 lb) de tomates vertes

80 ml (⅓ tasse) de sel

1 petit chou vert

2 oignons

1 piment rouge

1 piment vert

300 ml (1 ¼ tasse) de vinaigre de cidre

500 ml (2 tasses) de sucre

10 ml (2 c. à thé) de chacun : graines de céleri, graines de moutarde, graines de coriandre, clous de girofle

Préparation

Hacher les tomates au robot culinaire, ajouter le sel, laisser mariner toute une nuit, égoutter.

Passer au robot les tomates égouttées, le chou, les oignons et les piments et placer dans un chaudron.

Ajouter le vinaigre de cidre, le sucre et les graines insérées dans un sachet de mousseline.

Amener au point d'ébullition et laisser mijoter jusqu'à ce que tous les légumes soient tendres, soit environ 35 minutes.

Retirer le sachet et verser le mélange chaud dans des pots stérilisés.

Conserver dans un endroit frais à la noirceur.

Ingrédients

1 kg (2 lbs) de tomates vertes

350 g (¾ lb) d'oignons

1/2 pied de céleri

60 ml (¼ tasse) de gros sel

Eau froide en quantité suffisante

325 ml (1 ⅓ tasse) de vinaigre

500 ml (2 tasses) de sucre

20 ml (4 c. à thé) d'épices à marinade

1 ml (¼ c. à thé) de poivre en grains

Ketchup vert

PRÉPARATION :
30 MINUTES

CUISSON :
35 À 40 MINUTES

RENDEMENT :
1,5 L (6 TASSES) OU 8 POTS DE 270 ML (9 OZ)

Préparation

Couper les légumes en dés, les saupoudrer de gros sel, les laisser dégorger 12 heures afin d'éliminer une partie de leur eau de végétation.

Égoutter les légumes et bien les rincer à l'eau froide, puis les déposer dans une marmite.

Ajouter le vinaigre et le sucre, puis les épices à marinade et les grains de poivre déposés dans un petit sachet de mousseline.

Faire cuire ce mélange environ 35 à 40 minutes, brasser de temps à autre.

Verser le ketchup dans des bocaux stérilisés et laisser refroidir avant de sceller les pots.

Pâtes

Ingrédients

225 g (½ lb) de boucles (pâtes alimentaires)

125 ml (½ tasse) de vin blanc

500 ml (2 tasses) de fumet de poisson

225 g (½ lb) de pétoncles

325 g (¾ lb) de crevettes moyennes, décortiquées

175 ml (¾ tasse) de crème à cuisson 15 %

225 g (½ lb) de chair de crabe

Sel et poivre au goût

15 ml (1 c. à soupe) de persil frais, haché

Boucles aux fruits de mer

PRÉPARATION :
10 MINUTES

CUISSON :
20 MINUTES

4 PORTIONS

Préparation

Cuire les pâtes alimentaires en suivant le mode de cuisson indiqué sur l'emballage.

Porter à ébullition le vin blanc et le fumet de poisson.

Réduire le feu et faire pocher les pétoncles et les crevettes pendant 3 minutes.

Retirer les fruits de mer et réserver.

Passer le fumet au tamis et le faire réduire de moitié à feu vif.

Ajouter la crème, faire réduire de nouveau jusqu'à consistance onctueuse.

Incorporer les fruits de mer et la chair de crabe; vérifier l'assaisonnement.

Servir la sauce aux fruits de mer sur un lit de boucles bien égouttées.

Saupoudrer de persil.

Macaroni au fromage

Ingrédients

250 g (8 oz) de macaronis ou d'autres pâtes

60 ml (¼ tasse) de beurre

60 ml (¼ tasse) de farine tout usage

5 ml (1 c. à thé) de sel

5 ml (1 c. à thé) de poivre

500 ml (2 tasses) de lait

500 ml (2 tasses) de fromage cheddar, râpé

2 grosses tomates, tranchées

15 ml (1 c. à soupe) d'origan

Préparation

Chauffer le four à 175 °C (350 °F).

Cuire les pâtes alimentaires selon le mode d'emploi indiqué sur l'emballage; égoutter une fois la cuisson terminée.

Pendant ce temps, faire fondre le beurre dans une casserole moyenne, ajouter la farine, le sel, le poivre et le lait peu à peu en brassant jusqu'à consistance lisse.

Baisser le feu et laisser mijoter 1 minute, puis retirer du feu.

Incorporer 125 ml (½ tasse) de fromage râpé dans le mélange chaud.

Ajouter les pâtes alimentaires cuites.

Verser la moitié de la quantité du mélange dans un plat allant au four.

Garnir de la moitié des tranches de tomates et de l'origan.

Verser la seconde moitié du mélange, déposer le reste des tranches de tomates et d'origan.

Saupoudrer le dessus du plat du reste de cheddar râpé.

Cuire 20 à 30 minutes ou jusqu'à ce que le dessus soit d'un brun doré.

Ingrédients

1 oignon moyen, haché

45 ml (3 c. à soupe) d'huile d'olive

2 gousses d'ail, hachées

250 ml (½ lb) de veau haché maigre

28 oz (3 tasses) ou 1 boîte de 790 ml (28 oz)
de tomates italiennes

Parmesan râpé, au goût

Origan et basilic déshydratés

Sel et poivre

Sauce à spaghetti de dernière minute

PRÉPARATION :
10 MINUTES

CUISSON :
ENVIRON 20 À 25 MINUTES

4 PORTIONS

Préparation

Dans une grande casserole, faire revenir l'oignon dans l'huile quelques minutes,
de préférence sans coloration.

Ajouter l'ail et le veau ct faire cuire pendant 7 à 8 minutes.

Ajouter les tomates, poursuivre la cuisson pendant au moins 12 minutes.

Pendant ce temps, cuire les spaghettis selon le mode d'emploi indiqué sur l'emballage.

Égoutter les spaghettis cuits, verser la sauce pour les réchauffer, parsemer de parmesan,
d'origan et de quelques feuilles de basilic.

Vérifier l'assaisonnement.

Servir dans un plat à pâtes au centre de la table.

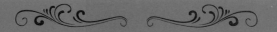

Linguines aux moules fraîches

PRÉPARATION : 15 MINUTES   CUISSON : 5 À 7 MINUTES   4 PORTIONS

Ingrédients

60 ml (¼ tasse) d'huile

4 gousses d'ail, hachées finement

4 échalotes, hachées finement

5 ml (1 c. à thé) de piment fort émietté ou de sauce Tabasco

250 ml (1 tasse) de vin blanc

1 kg (2 lb) de moules lavées

454 g (1 lb) de linguines fins

Préparation

Laver les moules.

Dans une casserole, faire chauffer l'huile, l'ail, les échalotes, le piment et le vin blanc; ajouter les moules et couvrir.

Porter rapidement à ébullition et laisser cuire 2 à 3 minutes à couvert en remuant la casserole de temps à autre jusqu'à ce que les moules s'ouvrent.

Égoutter les moules et les retirer de leur coquille; réserver.

Passer le jus de cuisson au tamis et réserver.

Cuire les linguines dans le jus de cuisson selon le temps indiqué sur l'emballage.

Dès que les pâtes sont cuites, incorporer les moules.

Remettre sur le feu 1 à 2 minutes pour les réchauffer et servir aussitôt.

Ingrédients

1 boîte de mini-boucles de 450 g (½ lb)

60 ml (¼ tasse) d'huile d'olive

3 aubergines, pelées et coupées en cubes

3 gousses d'ail, hachées finement

8 tomates italiennes, pelées et coupées en dés

5 ml (1 c. à thé) de sauce Tabasco

Sel et poivre au goût

Copeaux de parmesan

Feuilles de basilic

Mini-boucles à la sauce aux aubergines et aux tomates

PRÉPARATION :
15 MINUTES

CUISSON :
10 À 15 MINUTES

4 PORTIONS

Préparation

Cuire les mini-boucles selon le mode d'emploi indiqué sur l'emballage; réserver.

Chauffer l'huile dans un poêlon, ajouter les aubergines, l'ail, les tomates en dés et la sauce Tabasco; remuer et porter à ébullition.

Saler et poivrer au goût.

Servir avec les mini-boucles cuites; saupoudrer de copeaux de fromage et déposer les feuilles de basilic sur le dessus.

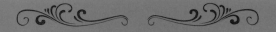

Spaghetti avec sauce à la viande

Ingrédients

454 g (1 lb) de spaghettis

30 ml (2 c. à soupe) d'huile d'olive

1 oignon, haché finement

1 gousse d'ail, hachée

1 carotte, coupée en petits dés

1 piment vert, haché finement

454 g (1 lb) de bœuf haché

1 boîte de 450 g (16 oz) de tomates concassées

60 ml (¼ tasse) de pâte de tomates

125 ml (½ tasse) de bouillon de poulet ou de légumes

Sel et poivre au goût

5 ml (1 c. à thé) de sucre

5 ml (1 c. à thé) de thym

1 pincée de cayenne

Persil, pour décorer

Préparation

Cuire les spaghettis selon le mode d'emploi indiqué sur l'emballage.

Faire dorer dans l'huile l'oignon, l'ail, la carotte, le piment.

Ajouter le bœuf haché et les tomates; laisser mijoter en brassant de temps en temps pendant 20 minutes.

Ajouter tous les autres ingrédients et laisser mijoter encore 10 minutes.

Napper chaque portion de spaghettis de cette sauce.

Saupoudrer de persil haché.

Ingrédients

Boulettes de veau haché

454 g (1 lb) de veau haché

2 échalotes, hachées

2 gousses d'ail, hachées

30 ml (2 c. à soupe) de chutney aux pommes

Sel et poivre au goût

30 ml (2 c. à soupe) d'huile d'olive

Sauce tomate

30 ml (2 c. à soupe) d'huile d'olive

2 gousses d'ail, hachées

1 oignon, haché

1 boîte de 425 ml (14 oz) de tomates broyées

30 ml (2 c. à soupe) de miel

15 ml (1 c. à soupe) de basilic frais, haché

15 ml (1 c. à soupe) d'origan frais, haché

454 g (1 lb) de linguines (pâtes)

Préparation

Boulettes de veau haché

Dans un bol, mélanger le veau, les échalotes, l'ail, le chutney, le sel et le poivre.

Former 12 petites boulettes et les faire dorer dans l'huile et réserver au chaud.

Linguines de veau haché

PRÉPARATION :
20 MINUTES

CUISSON :
12 À 25 MINUTES

4 PORTIONS

Sauce tomate

Dans une casserole, chauffer l'huile, dorer l'ail et l'oignon, ajouter les tomates, le miel, le basilic et l'origan, porter à ébullition.

Ajouter les boulettes, laisser mijoter 12 à 15 minutes ou jusqu'à ce qu'elles soient bien cuites.

Vérifier l'assaisonnement.

Pendant ce temps, cuire les linguines « al dente ».

Servir les boulettes avec la sauce sur un lit de linguines.

Coquilles farcies aux pleurotes

Ingrédients

3 grosses tomates fraîches, pelées et épépinées

30 ml (2 c. à soupe) d'huile d'olive

Sel au goût

1 branche de romarin frais

16 feuilles de basilic frais

250 ml (1 tasse) de crème champêtre

2 jaunes d'œufs

160 ml (⅔ tasse) de fromage parmesan, râpé

15 ml (1 c. à soupe) de pâte de tomates

20 grosses coquilles (pâtes alimentaires)

45 ml (3 c. à soupe) de beurre

225 g (½ lb) de pleurotes, hachés

115 g (¼ lb) de jambon ou de pancetta, coupé fin

Préparation

Couper la chair des tomates en quartiers; retirer la chair et la hacher; réserver l'extérieur.

Faire cuire dans un poêlon la chair de tomate hachée avec l'huile et le sel à feu doux pendant 5 minutes.

Ajouter le romarin et 6 feuilles de basilic, cuire 1 ou 2 minutes de plus et passer au tamis.

Battre la crème avec les jaunes d'œufs et le parmesan; verser dans le poêlon et faire chauffer à feu très doux, sans bouillir, en brassant jusqu'à ce que le mélange épaississe.

Ajouter les tomates et la pâte de tomates. Garder au chaud.

Faire cuire les coquilles 10 minutes dans une grande casserole d'eau bouillante salée.

Hacher l'extérieur des tomates réservées et ajouter les 8 dernières feuilles de basilic déchiquetées.

Faire mousser le beurre, ajouter les pleurotes et les faire dorer 2 minutes à feu élevé.

Ajouter le jambon et chauffer en remuant.

Ajouter les tomates hachées et le basilic et farcir les coquilles égouttées avec cette farce.

Diviser le sauce crème dans 4 assiettes de service, déposer les coquilles farcies dans les assiettes et servir.

(*La cuisine, c'est quand les choses ont le goût de ce qu'elles sont.*)

Curnonsky

Ingrédients

Salade

125 ml (½ tasse) de noix

2 poires William rouges, évidées et tranchées

15 ml (1 c. à soupe) de jus de citron

225 ml (½ lb) de cresson

225 ml (½ lb) de roquefort, coupé en morceaux

Vinaigrette

30 ml (2 c. à soupe) d'huile d'olive extra-vierge

30 ml (2 c. à soupe) de jus de citron

10 ml (2 c. à thé) de miel liquide

10 ml (2 c. à thé) de moutarde de Dijon

Sel et poivre du moulin

Préparation

Faire griller les noix dans un poêlon en remuant pour les empêcher de brûler.

Pendant ce temps, préparer la vinaigrette en mettant tous les ingrédients dans un petit bocal, bien agiter et réserver.

Tremper les tranches de poires dans le jus de citron, les mettre dans le saladier avec les noix, le cresson et le roquefort.

Au moment de servir, secouer la vinaigrette, la verser sur la salade et bien mélanger.

Ingrédients

Salade

450 ml (4 tasses) de chou rouge, râpé finement

160 ml (⅔ tasse) de vinaigre

Sauce à salade

30 ml (2 c. à soupe) de xérès (*sherry*)

30 ml (2 c. à soupe) de cassonade

60 ml (¼ tasse) d'huile

30 ml (2 c. à soupe) de raisins secs

5 ml (1 c. à thé) de cumin

5 ml (1 c. à thé) de curcuma

Sel et poivre au goût

Salade de chou rouge

PRÉPARATION :
25 MINUTES

RÉFRIGÉRATION :
2 HEURES OU PLUS

4 PORTIONS

Préparation

Mettre le chou dans une passoire.

Faire bouillir le vinaigre et le verser sur le chou.

Bien remuer et laisser égoutter.

Dans un bol, mélanger ensemble les ingrédients de la sauce à salade et bien imbiber le chou de cette sauce.

Réfrigérer au moins 2 heures, égoutter le surplus de liquide et servir.

Salade d'endives aux noisettes

PRÉPARATION : 15 MINUTES

4 PORTIONS

Ingrédients

350 g (¾ lb) d'endives de différentes couleurs

5 ml (1 c. à thé) de moutarde en poudre

30 ml (2 c. à soupe) de vinaigre

30 ml (2 c. à soupe) d'huile

Sel et poivre au goût

5 ml (1 c. à thé) d'échalote hachée

10 ml (2 c. à thé) de ciboulette émincée

30 ml (2 c. à soupe) de noisettes concassées

Préparation

Éplucher les endives et nettoyer les feuilles avec un linge humide.

Préparer une vinaigrette avec la moutarde, le vinaigre et l'huile.

Saler et poivrer.

Ajouter l'échalote, la ciboulette et les noisettes concassées.

Mélanger la vinaigrette et les feuilles d'endives.

Servir dans un saladier.

Mot de sœur Angèle : Une partie des feuilles d'endives peut être remplacée par d'autres laitues d'hiver telles que le nappa (chou chinois), la laitue Savoy, la chicorée ou la Trévise.

Ingrédients

750 ml (3 tasses) de tomates mûres, pelées, épépinées et coupées en quartiers

2 gousses d'ail, hachées

30 ml (2 c. à soupe) d'huile

1 pincée d'origan

12 olives noires, dénoyautées

30 ml (2 c. à soupe) de mozzarella, râpée

Sel et poivre au goût

10 ml (2 c. à thé) de câpres

4 filets d'anchois

225 g (½ lb) de tagliatelles fraîches (pâtes alimentaires)

Salade tiède de tagliatelles

PRÉPARATION :
20 MINUTES

MACÉRATION :
2 HEURES

CUISSON :
3 MINUTES

4 PORTIONS

Préparation

Mélanger tous les ingrédients dans un saladier sauf les tagliatelles.

Laisser macérer 2 heures.

Faire cuire les tagliatelles selon le mode d'emploi indiqué sur l'emballage.

Égoutter les tagliatelles et les ajouter à la salade.

Remuer le tout pendant que les pâtes sont encore chaudes.

Servir cette salade tiède.

Salade tiède de poulet et de légumes grillés

PRÉPARATION : 25 MINUTES · · · · · MACÉRATION : 30 MINUTES · · · · · CUISSON : 15 À 20 MINUTES · · · · · 4 PORTIONS

Ingrédients

Vinaigrette

125 ml (½ tasse) de vinaigre balsamique

250 ml (1 tasse) d'huile d'olive

30 ml (2 c. à soupe) de moutarde de Dijon

15 ml (1 c. à soupe) de thym séché

30 ml (2 c. à soupe) d'ail, haché finement

5 ml (1 c. à thé) de sucre

Salade

2 oignons espagnols moyens, coupés en quartiers

2 courgettes, coupées en biseaux

2 poivrons rouges, coupés en lanières

450 ml (1 lb) de champignons, coupés en quartiers

60 ml (4 c. à soupe) d'huile d'olive

4 suprêmes de poulet

500 ml (2 tasses) de mesclun

8 croûtons à l'huile

60 ml (3 onces) de fromage de chèvre

2 tomates, coupées en quartiers

8 olives noires

Préparation

Dans un bol, mélanger tous les ingrédients de la vinaigrette.

Ajouter les oignons, les courgettes, les poivrons et les champignons.

Laisser mariner 30 minutes.

Égoutter les légumes et réserver la marinade.

Faire cuire les légumes environ 4 minutes de chaque côté et réserver.

Dans un poêlon, cuire les suprêmes de poulet environ 5 minutes de chaque côté; à mi-cuisson, ajouter les légumes pour les réchauffer.

Dans des assiettes, répartir le mesclun, les croûtons, le fromage, les suprêmes, les légumes grillés, les tomates et les olives noires.

Arroser chaque portion de 30 ml (2 c. à soupe) de vinaigrette.

Ingrédients

Salade

1 boîte de 398 ml (14 oz) de cœurs de palmiers

2 avocats mûrs

2 grosses mangues mûres

Jus de ½ lime

½ concombre non pelé, râpé

Vinaigrette

1 ml (¼ c. à thé) de poudre de cari

1 ml (¼ c. à thé) de curcuma

5 ml (1 c. à thé) de sucre

15 ml (1 c. à soupe) de chutney à la mangue

30 ml (2 c. à soupe) de jus de lime

90 ml (6 c. à soupe) d'huile d'olive

Sel et poivre au goût

Préparation

Dans un bol, mélanger la poudre de cari, le curcuma, le sucre, le chutney et le jus de lime.

Ajouter graduellement l'huile d'olive, en battant bien.

Saler et poivrer au goût.

Couper 6 cœurs de palmiers en tronçons de 2,5 cm (1 po), les rassembler sur des assiettes de service pour simuler le tronc d'un palmier.

Salade de cœurs de palmier

PRÉPARATION :
15 MINUTES

6 PORTIONS

Couper les plus petits cœurs de palmier en tranches de 6 mm (¼ po) pour simuler les noix de coco.

Peler et trancher mince les avocats et les mangues, les asperger de jus de lime.

Disposer alternativement des tranches de mangues et d'avocats au bout de chaque tronc pour former les feuilles.

Déposer les tranches de cœurs de palmier au centre des feuilles en guise de noix de coco.

Disposer le concombre au pied du palmier pour compléter le dessin.

Servir avec la vinaigrette.

Salade tiède aux pommes dans sa vinaigrette aux échalotes

Ingrédients

Vinaigrette

30 ml (2 c. à soupe) d'huile d'olive

175 ml (¾ tasse) de yogourt nature

2 échalotes, émincées

Sel et poivre au goût

Salade

4 pommes Gala

30 ml (2 c. à soupe) de jus de citron

500 ml (2 tasses) de fèves germées

Feuilles de laitue chinoise, émincées

Préparation

Dans un bol, fouetter l'huile et le yogourt jusqu'à consistance d'une mayonnaise.

Ajouter le reste des ingrédients de la vinaigrette; réserver.

Peler et émincer les pommes, les arroser de jus de citron.

Dans une marguerite, cuire les fèves germées pendant 1 minute.

Dans un saladier, mélanger tous les ingrédients de la salade, arroser de vinaigrette aux échalotes.

Ingrédients

Salade

1 pomme Cortland ou Lobo non pelée,
    coupée en dés

1 pomme jaune Délicieuse non pelée,
    coupée en dés

Jus d'un citron

60 ml (¼ tasse) d'huile d'olive

15 ml (1 c. à soupe) de gingembre frais, râpé

3 branches tendres de céleri, émincées

125 ml (½ tasse) de pacanes, hachées grossièrement

125 ml (½ tasse) de raisins secs

500 ml (2 tasses) de poulet cuit

Sel et poivre au goût

Laitue, pour garnir

Quartiers de tomates et quartiers de pommes passés
    au jus de citron, pour garnir

Sauce à salade

60 ml (¼ tasse) de mayonnaise légère

60 ml (¼ tasse) de fromage cottage à faible teneur
    en gras

5 ml (1 c. à thé) de gingembre frais, râpé

Salade Waldorf légère

PRÉPARATION :
15 MINUTES

4 À 6 PORTIONS

Préparation

Dans un bol, déposer les pommes, le jus de citron, l'huile d'olive, le gingembre, le céleri, les pacanes, les raisins secs et les morceaux de poulet; réserver.

Dans un bol, mélanger les ingrédients de la sauce à salade.

Incorporer délicatement la sauce à la salade et mélanger pour bien enrober les ingrédients.

Servir froide sur un lit de laitue et garnir de tomates et de quartiers de pommes passés au jus de citron.

Salade santé

Ingrédients

Salade

½ concombre anglais, tranché mince

1 pomme, coupée en dés avec la pelure

Jus d'un demi-citron

250 ml (1 tasse) de fèves germées

2 tomates italiennes, coupées en quartiers

1 petit oignon espagnol, haché finement

Sel et poivre au goût

15 ml (1 c. à soupe) de basilic frais, haché

115 g (¼ lb) de fromage feta aux fines herbes, coupé en cubes de 1 cm (⅓ po)

16 olives (8 vertes et 8 noires)

1 poivron jaune, épépiné, coupé en rondelles

Vinaigrette

60 ml (4 c. à soupe) d'huile d'olive

30 ml (2 c. à soupe) de vinaigre de framboise

Préparation

Disposer les tranches de concombre sur le pourtour d'un saladier.

Dans un bol, mélanger la pomme arrosée de jus de citron, les fèves germées, les tomates et l'oignon.

Arroser de la vinaigrette et assaisonner au goût, puis mettre au centre du saladier.

Déposer les rondelles de poivron au centre.

Parsemer de basilic.

Ajouter les cubes de fromage, les olives et le poivron sur le dessus et servir.

126

Ingrédients

½ laitue pommée

1 pomme délicieuse, pelée et hachée finement

15 ml (1 c. à soupe) de jus de citron

60 ml (¼ tasse) de fromage gruyère, râpé

1 petite boîte de chair de homard

15 ml (1 c. à soupe) de cornichons, hachés

30 ml (2 c. à soupe) de crème 35 %

1 œuf cuit dur

Cresson, pour garnir

Salade suédoise

PRÉPARATION :
10 MINUTES

4 PORTIONS

Préparation

Séparer la laitue en quatre portions et réserver.

Dans un bol, mélanger la pomme passée au jus de citron, le fromage, le homard et les cornichons.

Placer une partie du mélange sur chaque portion de laitue.

Arroser avec la crème et le reste de jus de citron.

Garnir chaque portion avec un quartier d'œuf et du cresson.

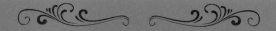

Salade de riz de semoule de blé dur

Ingrédients

Vinaigrette

15 ml (1 c. à soupe) de miel

45 ml (3 c. à soupe) de sucre

5 ml (1 c. à thé) de moutarde sèche

1 gousse d'ail, hachée finement

125 ml (½ tasse) de vinaigre

80 ml (⅓ tasse) d'huile à salade

Salade

125 g (8 oz) de riz de semoule de blé dur

30 ml (2 c. à soupe) de petits cornichons, tranchés finement

Sel et poivre au goût

Préparation

Dans un bol, mélanger tous les ingrédients de la vinaigrette.

Laisser reposer.

Cuire le riz de semoule à l'eau bouillante salée, le passer à l'eau froide et bien égoutter.

Ajouter la vinaigrette, les petits cornichons tranchés, le sel et le poivre.

Bien mélanger le tout et servir.

Mot de sœur Angèle : Cette sorte de pâte se vend en petits sacs de 450 g (1 lb). Les pâtes Delverde sont un produit des Arbruzzes, en Italie. Cette salade est rafraîchissante et délicieuse. On peut y ajouter quelques petits légumes blanchis, coupés en petits dés.

128

Biscuits « Robin des bois » au cœur tendre (p. 138)

Tarte aux abricots et aux pommes (p. 144)

Gâteau aux amandes (p. 149)

Muffins aux canneberges (p. 153)

Ingrédients

175 ml (¾ tasse) de riz basmati

Eau et sel en quantité suffisante

1 gousse d'ail, hachée

30 ml (2 c. à soupe) d'huile d'olive

250 ml (1 tasse) de crevettes nordiques, cuites

½ poivron vert, coupé en dés

½ poivron rouge, coupé en dés

30 ml (2 c. à soupe) de céleri, coupé en dés

60 ml (¼ tasse) de radis, coupés en tranches

75 ml (⅓ tasse) de concombre, coupé en dés

30 ml (2 c. à soupe) d'échalote, hachée

1 œuf cuit dur, haché

4 olives farcies

180 ml (¾ tasse) de sauce à salade

4 feuilles de laitue

Zeste d'un citron

Préparation

Faire cuire le riz à l'eau bouillante salée.

Lorsqu'il est cuit, le rafraîchir à l'eau froide, l'égoutter et le réserver.

Faire revenir l'ail dans l'huile d'olive et laisser refroidir.

Ajouter tous les ingrédients sauf la sauce et la laitue et mélanger.

Salade de riz aux crevettes

PRÉPARATION :
20 MINUTES

CUISSON (RIZ) :
20 MINUTES

4 PORTIONS

*Mot de sœur Angèle :
Pour faciliter la digestion des poivrons : huiler la peau des poivrons et les déposer au four à « broil » jusqu'à ce que la peau commence à noircir. Retirer du four, déposer un essuie-tout dessus, le retirer. La peau s'enlève presque seule.*

Incorporer la sauce à salade et réserver le mélange au réfrigérateur.

Au moment de servir, dresser le mélange dans chaque assiette sur une feuille de laitue.

Parsemer de zeste de citron.

Desserts

La gourmandise est un vice
seulement dans l'excès.

Crème brûlée

Ingrédients

500 ml (2 tasses) de lait

125 ml (½ tasse) de sucre

60 ml (¼ tasse) de fécule de maïs

125 ml (½ tasse) de lait froid

1 pincée de sel

15 ml (1 c. à soupe) de beurre

125 ml (½ tasse) de mélasse

15 ml (1 c. à soupe) d'eau chaude

2,5 ml (½ c. à thé) d'essence d'amande

Préparation

Amener le lait à ébullition dans une casserole.

Ajouter le sucre et la fécule préalablement délayée dans le lait froid.

Laisser mijoter à feu doux pendant 2 à 3 minutes.

Ajouter le sel et le beurre, réserver.

Faire cuire la mélasse pendant quelques minutes ou jusqu'à ce que les bouillons commencent à brunir.

Ajouter l'eau pour allonger la mélasse à 125 ml (½ tasse).

Ajouter ce sirop brun à la crème cuite.

Bien mélanger et ajouter l'essence d'amande.

 Mot de sœur Angèle : Cette crème se sert chaude ou froide.

Ingrédients

125 ml (½ tasse) de beurre

125 ml (½ tasse) de sucre

1 œuf

5 ml (1 c. à thé) de vanille

15 ml (1 c. à soupe) d'huile de pistaches

30 ml (2 c. à soupe) de lait

560 ml (2 ¼ tasses) de farine à pâtisserie

7 ml (1 ½ c. à thé) de poudre à pâte

2 ml (½ c. à thé) de sel

Biscuits à l'huile de pistaches

PRÉPARATION :
10 MINUTES

REPOS :
AU MOINS 2 HEURES

CUISSON :
10 À 12 MINUTES

ENVIRON 2 DOUZAINES

Préparation

Préchauffer le four à 190 °C (375 °F).

Battre ensemble le beurre, le sucre, l'œuf, la vanille, l'huile de pistaches et le lait.

Mélanger la farine avec la poudre à pâte et le sel.

Ajouter au premier mélange.

Laisser reposer la pâte avant de l'étendre.

Étendre la pâte assez mince en lui donnant la forme de doigts de dame.

Déposer sur une tôle huilée.

Cuire au four jusqu'à ce que les bords commencent à dorer.

Laisser refroidir et servir.

Pets de sœurs flambés au Grand Marnier à l'érable

Ingrédients

454 g (1 lb) de pâte brisée du commerce

125 ml (½ tasse) de beurre fondu

125 ml (½ tasse) de sucre d'érable ou de cassonade

15 ml (1 c. à soupe) de farine

5 ml (1 c. à thé) de cannelle

125 ml (½ tasse) de Grand Marnier à l'érable

1 noisette de beurre

Préparation

Préchauffer le four à 175 °C (350 °F).

Étendre la pâte sur une surface farinée, abaisser en forme de rectangle.

Badigeonner la pâte de beurre fondu, saupoudrer de sucre d'érable mélangé à la fourchette dans un petit bol avec la farine et la cannelle.

Rouler l'abaisse, puis trancher en longueur pour obtenir 12 pets de sœurs de 3 cm (1 po) d'épaisseur. Rouler les bandes ainsi obtenues.

Placer sur une plaque à gâteau recouverte d'un papier parchemin.

Cuire 15 à 20 minutes, jusqu'à ce que les pets de sœurs soient dorés.

Dans une petite casserole, amener le Grand Marnier à ébullition et ajouter une noisette de beurre, flamber et verser sur les pets de sœurs.

Mot de sœur Angèle : Pour faire des soupirs de frères, tartiner la pâte brisée d'une préparation aux dattes. Une autre variante : dans une assiette à tarte, déposer une abaisse non cuite. Placer dessus les pets de sœurs et les soupirs de frères, ajouter 250 ml (1 tasse) de crème 15 % et cuire au four à 175 °C (350 °F) 30 à 35 minutes.

Ingrédients

1 petite meule de fromage « Le Sœur Angèle »
  (environ 250 ml ou 1 tasse)

125 ml (½ tasse) de sirop d'érable

30 ml (2 c. à soupe) de fécule de maïs

500 ml (2 tasses) de crème 15 %

5 ml (1 c. à thé) d'essence d'érable

Préparation

Vider la croûte du fromage sans la briser.

Dans une casserole, amener le sirop d'érable à ébullition.

Délayer la fécule de maïs dans la crème et verser dans le sirop bouillant.

Laisser mijoter 1 minute, ajouter l'essence d'érable.

Incorporer le fromage et fouetter jusqu'à ce que le mélange devienne onctueux.

Verser dans la croûte.

Déposer la croûte du fromage au centre d'une assiette de service.

Entourer d'une variété de fruits au choix : raisins sans pépins, fraises, poires, pommes, ananas, bananes, quelques cubes de gâteau génoise ou autre.

Tremper les fruits ou le gâteau dans la fondue à l'érable chaude.

Fondue à l'érable et au fromage « Le Sœur Angèle »

PRÉPARATION :
10 MINUTES

CUISSON :
1 MINUTE

4 PORTIONS

Pouding au riz

PRÉPARATION : 15 MINUTES   CUISSON : 20 À 25 MINUTES   6 PORTIONS

Ingrédients

250 ml (1 tasse) de riz

750 ml (3 tasses) d'eau bouillante

80 ml (⅓ tasse) de beurre

3 œufs

250 ml (1 tasse) de sucre

5 ml (1 c. à thé) d'essence de vanille

750 ml (3 tasses) de lait

2 ml (½ c. à thé) de sel

250 ml (1 tasse) de raisins secs

Préparation

Préchauffer le four à 200 °C (400 °F).

Cuire le riz dans 750 ml (3 tasses) d'eau pendant 10 minutes, égoutter.

Faire fondre le beurre dans un plat allant au four.

Mélanger, dans un bol, les œufs, le sucre, l'essence de vanille, le lait, le sel et les raisins.

Ajouter ce mélange au riz cuit, verser dans le plat beurré.

Cuire au four 20 à 25 minutes.

Ingrédients

125 ml (½ tasse) de graisse ou de beurre

60 ml (¼ tasse) de sucre

60 ml (¼ tasse) de cassonade

1 œuf

Essence de vanille

230 ml (1 ⅓ tasse) de farine tout usage

1 ml (¼ c. à thé) de bicarbonate de soude

2 ml (½ c. à thé) de sel

½ carré de chocolat fondu

1 blanc d'œuf battu

Préparation

Préchauffer le four à 190 °C (375 °F).

Battre ensemble le gras, le sucre, la cassonade, l'œuf et l'essence de vanille jusqu'à ce que le sucre soit complètement fondu.

Faire entrer délicatement la farine mêlée avec le bicarbonate de soude et le sel.

Diviser la pâte en deux. Dans une partie, ajouter le chocolat fondu.

Former deux rouleaux de 6,25 cm (2 ½ po) de diamètre.

Déposer au réfrigérateur au moins 7 heures ou toute une nuit.

Étendre deux abaisses de pâte, chacune de couleur différente, de 0,5 cm (¼ po) d'épaisseur, badigeonner de blanc d'œuf battu une première abaisse, déposer

l'autre abaisse sur la première et rouler comme pour un gâteau roulé, déposer au réfrigérateur 1 heure.

Couper des tranches de 0,25 cm (⅛ po) d'épaisseur; étaler sur une tôle légèrement beurrée pour les faire cuire jusqu'à ce que les biscuits commencent à colorer.

Mot de sœur Angèle :
On peut ajouter des noix de Grenoble hachées ou des cerises hachées finement au mélange avant de former le rouleau.

Biscuits deux couleurs

PRÉPARATION :
20 MINUTES

RÉFRIGÉRATION :
8 HEURES

12 PORTIONS

Biscuits « Robin des bois » au cœur tendre

PRÉPARATION : 10 MINUTES   CUISSON : 8 À 10 MINUTES   35 PETITS BISCUITS

Ingrédients

125 ml (½ tasse) de beurre

180 ml (¾ tasse) de sucre à glacer

2 œufs

250 ml (1 tasse) de farine tout usage

160 ml (⅔ tasse) de farine à pâtisserie

5 ml (1 c. à thé) d'essence de citron ou de vanille

Cerises, fruits confits, noix, pour garnir

Préparation

Préchauffer le four à 175 °C (350 °F).

Battre le beurre avec le sucre à glacer et les œufs.

Tamiser ensemble les deux farines et les incorporer au mélange d'œufs.

À l'aide d'une poche à pâtisserie ou d'une douille n° 7, déposer la pâte en forme de cœur, de rosette, etc. sur une plaque à biscuits.

Garnir de cerises, de fruits confits ou de noix.

Cuire au centre du four de 8 à 10 minutes.

Laisser refroidir les biscuits et les tremper, si désiré, dans du chocolat fondu.

Ingrédients

375 ml (1 ½ tasse) de farine tout usage

60 ml (¼ tasse) de sucre

5 ml (1 c. à thé) de poudre à pâte

5 ml (1 c. à thé) de sel

250 ml (1 tasse) de noix, hachées

500 ml (2 tasses) de dattes, dénoyautées et hachées

Zeste d'une orange

3 œufs non battus

250 ml (1 tasse) de sirop de maïs

5 ml (1 c. à thé) de vanille

125 ml (½ tasse) d'huile végétale

Sucre blanc en quantité suffisante

Barres aux noix et aux dattes

PRÉPARATION :
15 MINUTES

CUISSON :
30 À 35 MINUTES

40 BÂTONNETS

Préparation

Préchauffer le four à 175 °C (350 °F).

Tamiser ensemble la farine, le sucre, la poudre à pâte et le sel.

Dans un bol, mélanger les noix, les dattes et le zeste avec 80 ml (⅓ tasse) du premier mélange.

Dans un autre bol, casser les œufs, ajouter le sirop de maïs, la vanille et l'huile, battre pour bien mélanger les ingrédients.

Incorporer les noix et le reste des ingrédients secs.

Cuire dans une lèchefrite rectangulaire de 25 cm x 38 cm (10 po x 15 po) de 30 à 35 minutes.

Retirer du four, laisser refroidir, couper en bâtonnets puis rouler dans le sucre blanc.

Mot de sœur Angèle : Ces bâtonnets se conservent très bien dans un contenant hermétique. Pour une variante : remplacer les dattes par des canneberges, des abricots séchés ou des fruits confits.

Rondelles de Rice Krispies aux fruits

Ingrédients

60 ml (¼ tasse) de dattes, hachées

60 ml (¼ tasse) de cerises au marasquin, hachées

80 ml (⅓ tasse) de beurre

125 ml (½ tasse) de sucre

30 ml (2 c. à soupe) de jus d'orange

Zeste d'une orange et d'un citron

450 g (2 tasses) de céréales Rice Krispies

Préparation

Cuire les fruits avec le beurre, le sucre et le jus d'orange jusqu'à ramollissement, en brassant pour empêcher la préparation de coller au fond de la casserole.

Retirer du feu et ajouter les zestes de fruits et les Rice Krispies.

Déposer sur une pellicule plastique et façonner un rouleau.

Laisser refroidir et trancher pour servir.

Ingrédients

Tarte au citron

1 croûte de tarte, cuite et refroidie

300 ml (1 ¼ tasse) de sucre

125 ml (½ tasse) de fécule de maïs

1 pincée de sel

375 ml (1 ½ tasse) d'eau bouillante

3 jaunes d'œufs légèrement battus

60 ml (¼ tasse) de jus de citron

15 ml (1 c. à soupe) de zeste de citron

Essence de citron au goût

15 ml (1 c. à soupe) de beurre

Meringue

2 blancs d'œufs

60 ml (¼ tasse) de sucre

Préparation

Préchauffer le four à 175 °C (350 °F).

Mélanger le sucre, la fécule et le sel dans une casserole.

Verser doucement en brassant dans l'eau bouillante en remuant jusqu'à l'obtention d'un mélange homogène.

Cuire à feu moyen jusqu'à épaississement.

Retirer du feu, ajouter cette préparation graduellement aux jaunes d'œufs.

Tarte au citron meringuée

PRÉPARATION :
20 MINUTES

CUISSON :
7 À 10 MINUTES

6 PORTIONS

Bien mélanger, puis verser les jaunes ainsi réchauffés dans la casserole.

Remettre sur le feu et amener à ébullition.

Retirer du feu, puis ajouter le jus, le zeste, l'essence de citron et le beurre.

Bien mélanger.

Remplir la croûte de tarte cuite de cette préparation.

Pour préparer la meringue, fouetter les blancs d'œufs en neige ferme, mais non sèche.

Ajouter 15 ml (1 c. à soupe) de sucre à la fois et bien fouetter après chaque addition.

Verser délicatement sur la tarte garnie et refroidie; étaler jusqu'aux bords.

Mettre au four 7 à 10 minutes; laisser dorer uniformément.

Gâteau aux pommes du « couvent »

Ingrédients

Gâteau

375 ml (1 ½ tasse) de farine tout usage

180 ml + 30 ml (¾ tasse + 2 c. à soupe) de sucre

10 ml (2 c. à thé) de poudre à pâte

1 ml (¼ c. à thé) de sel

2 œufs

20 ml (4 c. à thé) de jus de pomme

Zeste et jus d'un citron

5 ml (1 c. à thé) de vanille

125 ml (½ tasse) d'huile végétale

Garniture

3 pommes Cortland, pelées et tranchées minces

45 ml (3 c. à soupe) de sucre

30 ml (2 c. à soupe) de beurre fondu

5 ml (1 c. à thé) de cannelle

Sucre à glacer (facultatif)

Préparation

Préchauffer le four à 175 °C (350 °F).

Graisser et fariner un moule à cheminée de 20,5 cm (8 po) de diamètre.

Mélanger la farine, 180 ml (¾ tasse) de sucre, la poudre à pâte et le sel et réserver.

Battre les œufs, les jus de pomme et de citron, le zeste de citron, la vanille et l'huile dans un grand bol.

Ajouter le mélange de farine en battant jusqu'à ce que la pâte soit lisse, mais ferme.

Pour la garniture, remuer les tranches de pommes dans le reste du sucre, le beurre et la cannelle.

Étendre le tiers de la pâte dans le moule préparé, couvrir de la moitié des pommes; répéter les couches en terminant par la pâte.

Cuire au four de 45 à 50 minutes ou jusqu'à ce que la pâte reprenne sa forme après avoir été pressée du bout du doigt.

Laisser reposer 20 minutes dans le moule, puis démouler sur une grille.

Laisser refroidir complètement et saupoudrer de sucre à glacer si désiré.

 Note de sœur Angèle : Ce gâteau se congèle parfaitement.

Ingrédients

5 œufs (250 ml ou 1 tasse)

250 ml (1 tasse) de sucre

2,5 ml (½ c. à thé) de sel

5 ml (1 c. à thé) de vanille

310 ml (1 ¼ tasse) de farine

Préparation

Préchauffer le four à 175 °C (350 °F).

Battre ensemble les œufs, le sucre, le sel et la vanille au mélangeur environ 5 minutes ou jusqu'à ce que le mélange soit léger et prenne une belle couleur jaune.

Incorporer délicatement la farine au mélange.

Verser dans deux moules de 20,5 cm (8 po) beurrés et tapissés d'une rondelle de papier parchemin.

Cuire au four pendant 20 à 25 minutes.

Laisser reposer 5 minutes avant de démouler.

Laisser refroidir sur une grille à gâteaux.

Génoise à la française

PRÉPARATION :
10 MINUTES

CUISSON :
20 À 25 MINUTES

8 PORTIONS

Mot de sœur Angèle :
C'est le genre de pâte à gâteau parfaite pour les petits fours glacés et les mokas.

Gâteau aux fruits

PRÉPARATION : 45 MINUTES

CUISSON : 3 HEURES

Ingrédients

80 ml (⅓ tasse) d'amandes entières

300 ml (1 ¼ tasse) de raisins de Corinthe

160 ml (⅔ tasse) de raisins Sultana

80 ml (⅓ tasse) de chacune : cerises confites, figues séchées hachées, dattes hachées

125 ml (½ tasse) d'écorce confite hachée (oranges, citrons, etc.)

60 ml (¼ tasse) d'ananas confit

60 ml (¼ tasse) de farine

180 ml (¾ tasse) de beurre ramolli

180 ml (¾ tasse) de cassonade tassée

3 jaunes d'œufs

280 ml (1 tasse + 2 c. à soupe) de farine

1 ml (¼ c. à thé) de chacun : macis, quatre-épices, muscade et clou de girofle moulu

2,5 ml (½ c. à thé) de cannelle

5 ml (1 c. à thé) de bicarbonate de soude

30 ml (2 c. à soupe) de brandy

45 ml (3 c. à soupe) de jus de pruneau

3 blancs d'œufs

Préparation

Préchauffer le four à 135 °C (275 °F).

Mélanger les amandes et les fruits avec la farine, réserver.

Battre, en un mélange léger, le beurre, la cassonade et les jaunes d'œufs.

Mélanger la farine, les épices et le bicarbonate de soude et ajouter au mélange d'œufs en alternant avec le brandy et le jus de pruneau.

Ajouter les fruits farinés et incorporer les blancs d'œufs préalablement montés en neige.

Verser dans un moule de 20 x 10 x 6 cm (8 x 4 x 2 ½ po) chemisé d'un papier parchemin beurré.

Déposer le moule dans un récipient rempli à la moitié d'eau bouillante.

Cuire au four pendant 3 heures.

Retirer le récipient d'eau 20 minutes avant la fin de la cuisson.

Laisser refroidir avant de démouler.

Ingrédients

4 blancs d'œufs

1 ml (¼ c. à thé) de crème de tartre

1 pincée de sel

250 ml (1 tasse) de cassonade

4 jaunes d'œufs

90 ml (6 c. à soupe) beurre ramolli

5 ml (1 c. à thé) d'essence de vanille

750 ml (3 tasses) de pacanes, hachées finement

Glaçage

250 ml (1 tasse) de crème 35 %

30 ml (2 c. à soupe) de sucre à glacer

Quelques gouttes d'essence de vanille

125 ml (½ tasse) de pacanes, hachées, pour garnir

Gâteau aux amandes

PRÉPARATION :
15 MINUTES

CUISSON :
30 À 35 MINUTES

8 À 10 PORTIONS

Préparation

Préchauffer le four à 175 °C (350 °F).

Beurrer 2 moules de 20,5 cm (8 po) et en chemiser le fond avec un papier parchemin beurré.

Monter les blancs d'œufs en neige avec la crème de tartre et le sel; battre à haute vitesse jusqu'à formation de pics fermes.

Battre les jaunes d'œufs avec le beurre, la cassonade, la vanille et les pacanes moulues.

À l'aide d'une spatule de caoutchouc, faire entrer délicatement le mélange de jaunes d'œufs dans le mélange de blancs d'œufs en soulevant et en pliant jusqu'au mélange complet.

Verser la pâte dans les deux moules préparés et cuire au four 30 à 35 minutes, jusqu'à ce que le dessus reprenne forme après avoir été pressé du bout du doigt.

Retirer du four et laisser refroidir dans les moules 10 minutes sur une grille.

Démouler et laisser refroidir complètement.

Pour le glaçage, fouetter la crème et le sucre à glacer jusqu'à consistance ferme, ajouter l'essence de vanille.

Renverser un gâteau à l'envers (le fond en haut) dans une assiette de service. Couvrir de crème fouettée.

Déposer le deuxième gâteau sur le premier, couvrir de crème fouettée et décorer le dessus à la douille ou à la fourchette.

Parsemer de pacanes hachées.

Mot de sœur Angèle :
Ce gâteau convient aux personnes qui souffrent de la maladie cœliaque (qui ne peuvent manger des aliments qui contiennent du gluten).

Beignes de chez nous

Ingrédients

45 ml (3 c. à soupe) de beurre

250 ml (1 tasse) de sucre

2 œufs battus

930 ml (3 ¾ tasses) de farine tout usage

10 ml (2 c. à thé) de poudre à pâte

2 ml (½ c. à thé) de bicarbonate de soude

2 ml (½ c. à thé) de sel

5 ml (1 c. à thé) de muscade ou de macis

5 ml (1 c. à thé) de vanille

30 ml (2 c. à soupe) de zeste d'orange

180 ml (¾ tasse) de crème sure

Huile en quantité suffisante

Sucre à fruits ou sucre à glacer

Préparation

Battre le beurre, le sucre et les œufs jusqu'à ce que le sucre soit fondu.

Tamiser la farine avec la poudre à pâte, le bicarbonate de soude, le sel et la muscade ou le macis.

Mélanger la vanille et le zeste d'orange dans la crème sure et ajouter au premier mélange en alternant avec le mélange de farine.

Couvrir et réfrigérer la pâte de 4 à 12 heures.

Diviser la pâte en 3 parties.

Abaisser une partie à la fois, en conservant les autres au réfrigérateur.

Abaisser la pâte à 1,85 cm (⅓ de pouce) sur une planche légèrement farinée.

Découper à l'emporte-pièces et laisser reposer 15 minutes avant de faire cuire.

Chauffer l'huile à 175 °C (350 °F) au thermomètre à friture.

Mettre les beignes un à la fois dans l'huile, en s'assurant qu'il reste de l'espace entre chacun.

Les retourner dès qu'ils montent à la surface.

Aussitôt cuits, les déposer sur un essuie-tout pour enlever l'excès de gras.

Laisser refroidir et les rouler dans le sucre à fruits ou dans le sucre à glacer.

Ingrédients

250 ml (1 tasse) d'eau

90 ml (⅓ tasse) de beurre

2 ml (½ c. à thé) de sel

180 ml (¾ tasse) de farine tout usage

4 œufs

Préparation

Préchauffer le four à 200 °C (400 °F).

Mélanger l'eau, le beurre et le sel dans une casserole et amener à ébullition.

Ajouter la farine en une seule fois, brasser vigoureusement pendant 2 minutes; travailler vivement sur le feu pour assécher la pâte.

Retirer du feu et ajouter les œufs un à un en ayant soin de bien battre entre chaque addition.

Laisser refroidir la préparation.

À l'aide d'une douille, déposer la pâte sur une plaque à pâtisserie beurrée.

Cuire au four pendant 10 minutes et continuer la cuisson à 175 °C (350 °F) jusqu'à ce que la coloration soit d'un beau jaune doré.

Au moment de servir, remplir de crème pâtissière (voir recette à la page 152) et glacer de chocolat fondu.

Pâte à choux

PRÉPARATION :
15 MINUTES

CUISSON :
15 À 20 MINUTES

10 À 12 ÉCLAIRS

Crème pâtissière

PRÉPARATION : 10 MINUTES | CUISSON : 10 MINUTES | RENDEMENT : 750 ML (3 TASSES)

Ingrédients

500 ml (2 tasses) de lait chaud

125 ml (½ tasse) de sucre

2 œufs

15 ml (1 c. à soupe) de rhum

60 ml (¼ tasse) de farine

30 ml (2 c. à soupe) de lait froid

5 ml (1 c. à thé) de vanille blanche

Beurre en quantité suffisante

Préparation

Chauffer le lait avec la moitié du sucre.

Dans un bol, mélanger les œufs, le reste du sucre et le rhum.

Fouetter pour obtenir un mélange mousseux.

Quand le mélange est bien homogène, verser dans le lait chaud.

Ajouter la farine délayée dans le lait froid et cuire en remuant constamment.

Ajouter la vanille et le beurre et retirer du feu.

Laisser refroidir et couvrir d'une pellicule plastique.

Conserver au réfrigérateur jusqu'au moment de l'utiliser.

Ingrédients

60 ml (¼ tasse) de graisse végétale

60 ml (¼ tasse) de sucre

1 œuf

250 ml (1 tasse) de farine

5 ml (1 c. à thé) de poudre à pâte

2 ml (½ c. à thé) de sel

125 ml (½ tasse) de lait

500 ml (2 tasses) de cassonade

180 ml (¾ tasse) d'eau chaude

15 ml (1 c. à soupe) de beurre

5 ml (1 c. à thé) de vanille

Pouding chômeur

PRÉPARATION :
15 MINUTES

CUISSON :
45 À 50 MINUTES

4 À 6 PORTIONS

Préparation

Préchauffer le four à 175 °C (350 °F).

Pour la pâte : battre ensemble le gras, le sucre et l'œuf jusqu'à ce que le sucre soit fondu.

Ajouter la farine mêlée avec la poudre à pâte et le sel en alternant avec le lait.

Pour le sirop : faire bouillir 2 minutes la cassonade avec l'eau chaude, le beurre et la vanille.

Déposer la pâte dans un plat qui va au four, verser le sirop chaud sur le dessus et cuire au four de 45 à 50 minutes.

Servir chaud.

Pouding au pain parfumé au brandy

Ingrédients

5 tranches de pain

500 ml (2 tasses) de lait chaud

125 ml (½ tasse) de crème 15 %

5 ml (1 c. à thé) d'essence de vanille

1 ml (¼ c. à thé) de muscade

2 ml (½ c. à thé) de cannelle

2 œufs

125 ml (½ tasse) de sucre

30 ml (2 c. à soupe) de beurre fondu

60 ml (¼ tasse) de raisins de Corinthe

Préparation

Chauffer le four à 175 °C (350 °F).

Dans un bol, mêler le pain, le lait, la crème, la vanille, la muscade et la cannelle.

Dans un autre bol, battre les œufs avec le sucre, ajouter au mélange de pain avec le beurre fondu et les raisins.

Verser dans un plat peu profond, préalablement beurré.

Déposer ce plat dans un autre plat contenant un peu d'eau chaude.

Cuire au four 1 heure ou jusqu'à ce qu'un couteau introduit au centre en ressorte propre.

Servir avec une sauce au brandy.

Sauce au brandy
Ingrédients

2 jaunes d'œufs

125 ml (1 tasse) de sucre

5 ml (1 c. à thé) d'essence de vanille

180 ml (¾ tasse) de lait

7 ml (1 ½ c. à thé) de fécule de maïs

30 ml (2 c. à soupe) d'eau

30 ml (2 c. à soupe) de brandy

Préparation

Battre légèrement les jaunes d'œufs avec le sucre, la vanille et le lait, bien mélanger et cuire à feu doux dans une petite casserole en brassant jusqu'à ébullition.

Ajouter doucement la fécule délayée dans l'eau, cuire en brassant jusqu'à épaississement, retirer du feu et ajouter le brandy.

Ingrédients

Sirop

300 ml (1 ¼ tasse) de sirop d'érable

750 ml (3 tasses) d'eau

Pâte

500 ml (2 tasses) de farine tout usage

15 ml (1 c. à table) de poudre à pâte

2 ml (½ c. à thé) de muscade

1 pincée de sel

125 ml (½ tasse) de beurre

2 œufs

125 ml (½ tasse) de yogourt nature

125 ml (½ tasse) de cassonade

250 ml (1 tasse) de pommes, râpées

Préparation

Amener à ébullition le sirop et l'eau.

Dans un bol, tamiser la farine, la poudre à pâte, la muscade et le sel.

Dans un autre bol, mélanger le beurre, les œufs, le yogourt, la cassonade et les pommes.

Incorporer délicatement au mélange de farine.

Amener le sirop à ébullition, y verser la pâte par cuillérée.

Grands-pères au sirop d'érable

PRÉPARATION :
15 MINUTES

CUISSON :
4 À 6 MINUTES

4 À 6 PORTIONS

Mot de sœur Angèle : On peut aussi faire cuire au four à 175°C (350°F). Beurrer un moule, y verser la pâte et le sirop bouillant, cuire 45 minutes ou jusqu'à ce que la pointe d'un couteau insérée dans la pâte en ressorte propre.

Couvrir et laisser mijoter doucement 2 à 3 minutes.

Retourner les grands-pères, recouvrir et cuire encore 2 à 3 minutes.

Servir avec de la crème glacée à la vanille ou à l'érable.

Index alphabétique